汽车钣金技术

天津职业技术师范大学汽车职业教育研究所　组编

主　编　刘海峰　付清洁
副主编　张　健　刘月涛
参　编　孟庆高　郭　腾
主　审　侯朋朋

机 械 工 业 出 版 社

本书依据汽车铝车身钣金修复的典型工作任务，采用项目化教学方法进行编写，主要内容包括安全防护与接车、铝车身钣金件的维修和汽车精致修复，每个项目包含若干个任务。安全防护与接车项目包括熟知施工前安全事项、钣金维修技师接车两个任务，铝车身钣金件的维修项目包括铝车身门板损坏的修复、铝车身后翼子板的切割更换、铝车身前部纵梁的拉伸校正与更换三个任务，汽车精致修复项目包括铝车身翼子板凹坑的免喷漆修复、汽车保险杠（塑料件）的修复两个任务。为便于工学一体化教学实施，每个任务分成多个活动，用于引导学生进行实践操作。全书图文并茂，操作步骤详细，操作指导性强。

本书可作为汽车类相关专业的教学用书，也可以供汽车维修技术培训机构使用，还可作为汽车维修从业人员的学习参考书。

为了便于学生自学和教师教学，本书配有免费电子课件、工作页、相关动画视频和习题答案。另外，本书还嵌入了多个二维码，用手机扫一扫便可观看相关视频与动画。凡选用本书作为授课教材的教师，均可登录 www.cmpedu.com，以教师身份注册下载教学资源。咨询电话：010-88379201。

图书在版编目（CIP）数据

汽车钣金技术/刘海峰，付清洁主编. —北京：机械工业出版社，2024.6
ISBN 978-7-111-75933-1

Ⅰ.①汽… Ⅱ.①刘… ②付… Ⅲ.①汽车-钣金工 Ⅳ.①U472.4

中国国家版本馆 CIP 数据核字（2024）第 107782 号

机械工业出版社（北京市百万庄大街 22 号 邮政编码 100037）
策划编辑：于志伟 责任编辑：于志伟
责任校对：龚思文 张 薇 封面设计：鞠 杨
责任印制：张 博
北京华联印刷有限公司印刷
2024 年 7 月第 1 版第 1 次印刷
184mm×260mm · 8.25 印张 · 159 千字
标准书号：ISBN 978-7-111-75933-1
定价：37.00 元

电话服务 网络服务
客服电话：010-88361066 机 工 官 网：www.cmpbook.com
010-88379833 机 工 官 博：weibo.com/cmp1952
010-68326294 金 书 网：www.golden-book.com
封底无防伪标均为盗版 机工教育服务网：www.cmpedu.com

前　言

随着汽车技术的发展，车身的材料和结构也发生了变化，特别是近年来铝合金材料在车身中的应用，对车身维修技师提出了更高的技术要求。车身修复人员不但要了解钢制车身的修复，更要懂得铝车身变形的分析和修复工艺。同时，还要能够借助先进的修复工具，并配合正确的操作工艺，将整个车身修复到损伤前的状态，以保证修复过的汽车达到原厂的技术要求。

本书坚持正确的政治方向，以国家和社会的需求为导向，将习近平新时代中国特色社会主义思想和党的二十大精神融入教材，以全力打造精品教材为出发点，全面贯彻党的教育方针，落实立德树人的根本任务，培养德智体美劳全面发展的社会主义建设者和接班人。本书特点如下：

1）依据铝车身钣金修复的典型工作任务，采用项目化教学方法进行编写。

2）教材体例上采用“项目—任务—活动”，按照工学一体化的形式，以工作过程为核心，侧重具体的操作过程。

3）项目中注重工作安全的提醒和对学生工作过程的评价。

4）图文并茂，步骤详细，便于学生理解。

本书由天津职业技术师范大学汽车职业教育研究所组织编写，刘海峰、付清洁担任主编，张健、刘月涛担任副主编，孟庆高、郭腾参加编写，侯朋朋担任主审。

本书在编写过程中参考了许多资料，特别是维修生产线一些资料给了编者许多有益的启示和帮助，在此一并向相关作者致谢。天津闻达天下科技有限责任公司在本书编写过程中提供了大量技术支持，在此表示衷心的感谢。

由于编者的水平有限，书中难免有疏漏之处，恳请广大读者批评指正。

编　者

二维码清单

名称	图形	名称	图形
奔驰铝车身后翼子板更换		奥迪 A8 后翼子板更换	
奥迪 A8 全铝车身焊装认知		安全防护	
客户接待——正确示范		客户接待——错误示范	
强力拉拔工具使用		捷豹铝车身拼接加强筋，胶粘铆接全过程	
汽车塑料件修复焊枪使用		路虎全铝大梁维修过程	
车身校正		车身测量	

（续）

名称	图形	名称	图形
车辆录入		铝大梁校正	
铝翼子板焊接		铝车身凹陷修复	
铝车身铆接		铝车门钣金修复	

目　录

项目一

安全防护与接车

任务一　熟知施工前安全事项

任务描述

小强同学要到车间学习汽车钣金技术，在学习钣金技术之前要掌握相关的安全知识及安全注意事项，从而保证在动手操作过程中的安全，避免安全事故的发生。

任务目标

素养目标	能力目标	知识目标
1）通过自主查阅资料，培养学生自主学习的能力与分析问题的能力 2）通过分组学习，培养学生合作能力与解决问题的能力 3）通过规范操作，培养学生爱岗敬业、科学严谨的职业素养	1）能自主查阅相关安全资料，获取与安全相关的信息 2）根据任务要求和实际情况，小组合作，对车间安全知识进行掌握 3）能按照相关安全规定进行工作	1）了解铝合金修复的注意事项 2）掌握使用灭火器的灭火流程 3）了解车间安全生产准则 4）掌握劳动保护用品及相关工具的使用方法

活动一　知识准备

1. 铝合金修复注意事项

铝合金在研磨时会产生粉尘，在空气中混合达到一定程度后，遇到明火会发生爆炸，所以在进行铝合金操作时要注意做好防爆措施。

1）使用落地式防爆吸尘器，如图 1-1-1 所示。

2）铝合金粉屑与空气混合后，会像镁合金一样产生化合反应，所以铝合金在研磨时须用配有内部防护盖及抽风管的专用抛磨工具，如图 1-1-2 所示。

图 1-1-1　落地式防爆吸尘器

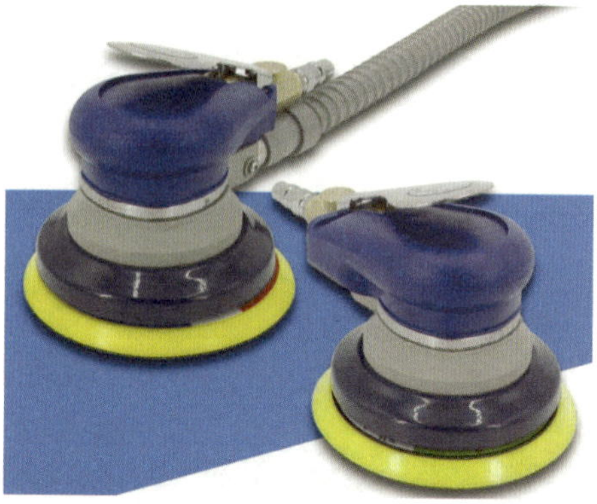

图 1-1-2　带抽风管的专用抛磨工具

3）研磨铝合金时，其方圆 3m 范围为爆炸危险区。

4）再延伸出的 5m 范围为起火危险区。

5）铝合金粉屑可采用干、湿两种方式收纳，干式收纳须快速将粉屑吸离工作区，确认绝无产生爆炸的可能性。湿式收纳使粉屑迅速潮湿，让其完全集结后，呈现像烂泥一般状态后储存。

6）铝合金工作区务必贴上“禁止带火源”“禁止吸烟”“禁止切换电源”等标语，如图 1-1-3 所示，并配备干粉灭火器。在铝合金工作区外，须有紧急淋浴设备，以便在衣服燃烧时能够紧急喷淋灭火。

图 1-1-3　禁止标语

2. 手动工具的安全操作

1）请勿将手动工具做任何非设计规定的用途。例如，用锉刀或旋具作为敲击工具，工具可能会断裂并造成人身伤害。

2）手动工具应保持清洁和完好的工作状态。工具粘有润滑剂、机油后容易从手中滑脱，可能造成关节挫伤或手指损伤。工具使用完毕，收拾到工具箱前，应将其擦拭干净，工具整理如图 1-1-4 所示。

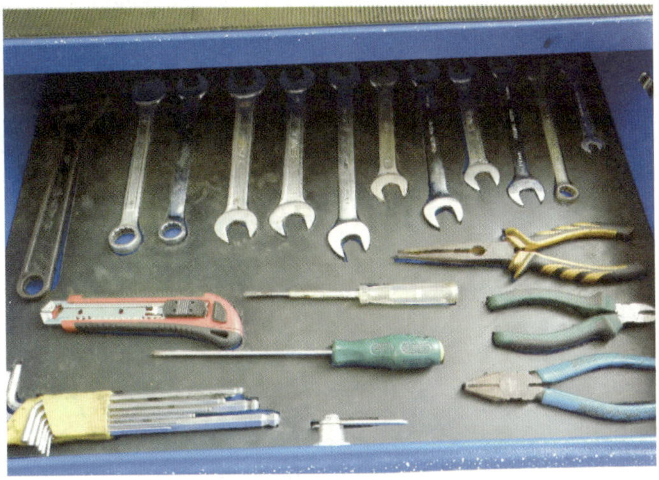

图 1-1-4　工具整理

3）操作扳手时用拉而不是推的动作，否则扳手从紧固件上意外滑脱时，手就容易被撞伤。如果不得不采用推的动作时，应伸开五指用手掌推动手柄。

4）不要同时打开多个工具柜抽屉。盛满工具的工具柜非常重，容易造成工具柜倾翻。在打开新抽屉前要关闭前一个抽屉，错误的打开方式如图 1-1-5 所示。

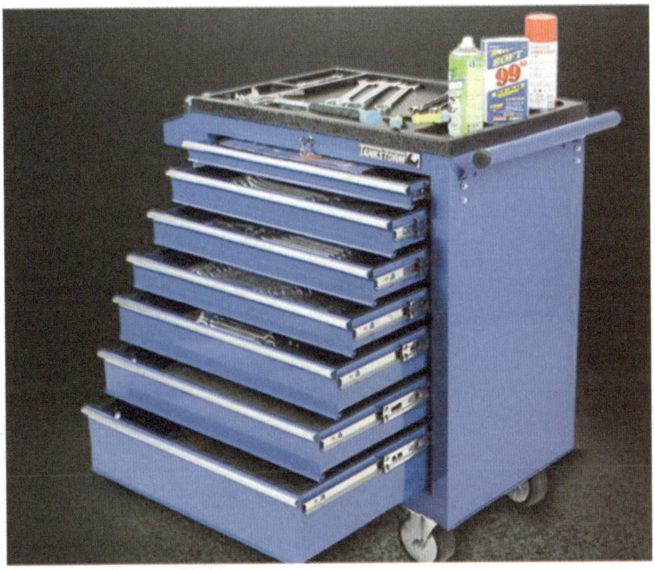

图 1-1-5　错误的打开方式

5）手动工具在使用前应检查是否存在裂纹、碎片、毛刺、断齿或其他的情况。如果工具存在问题，应修理或更换后再使用。

6）在使用锋利或带尖的工具时应特别当心。例如，錾子和冲子应正确研磨，保持锋利，如图 1-1-6 所示。錾子的刃应该锋利而且是方正的，长时间使用后，錾子和冲子的头部会变形或变大。利用砂轮机消除工具头部的变形部位，重新修整倒角。

图 1-1-6　锋利的錾子

7）在进行其他操作时不要把旋具、冲子或其他尖锐的手动工具放到口袋里，否则容易刺伤自己或损坏车辆。

8）将所有的零件和工具整齐正确地存放在指定位置，以保证其他工作人员不会被绊倒，同时，还会缩短寻找零件或工具的时间。

9）不要把车底躺板放在地面上，不用时应将其竖起，如图 1-1-7 所示。

3. 工具和设备的安全操作

1）在使用动力工具前，要安装好动力工具的护具。在对工具进行修理和维护之前，应先将工具的空气软管或电源线断开。

2）动力工具使用时不要超出其额定功率。例如砂轮通常有每分钟的最大转数（r/min），操作时应确保动力工具未超出砂轮、刷子或其他工具的转速极限，否则砂轮或刷子可能会炸开，砂轮碎块或钢丝被甩出，容易造成人员受伤和物品的损伤。

3）当用工具进行研磨修整时，应慢慢研磨，避免工具表面硬化金属过热。如果研磨金属呈现蓝色时，会产生过多的热量使工具表面硬化层从金属上脱落，并软化了工具的金属部分，如图 1-1-8 所示。

图 1-1-7　竖起的车底躺板

图 1-1-8　研磨温度过高

4）在用动力设备对小零件进行操作时，不要一只手持零件，另一只手持工具操作，否则零件容易滑脱，造成手部的受伤。在进行研磨、钻孔、打磨时，一定要使用夹紧钳或台虎钳来固定小零件。

5）在车身修理中要经常使用液压装置，在使用液压机时，应确保施加的液压力是安全的。在操作液压机时要站在机器侧面，一定要戴上全尺寸面罩，防止零件飞出造成伤害。

6）焊接用的气瓶要固定牢靠，防止摔倒发生危险。使用完毕后应关上气瓶顶部的主气阀，避免气体泄漏流失或爆炸。

4. 压缩空气的安全操作

在车身维修中经常要使用压缩空气，各种气动工具、气动液压装置和喷涂等都使用压缩空气。维修车间内的气源压力通常为 0.5~0.8MPa。气动工具都有压缩空气的极限压力警示。

1）用压缩空气进行清洁工作时，压力值应保持在 0.5MPa 以下。在清洁车门、立柱和其他难以碰到的位置时，要佩戴护目镜和防尘口罩。

2）不要用压缩空气来清洁衣物。压缩空气不能直接对着皮肤吹，因为即使是在较低的压力下压缩空气也能使灰尘粒子嵌入皮肤，从而造成皮肤发炎。

5. 车辆举升机的安全操作

1）在使用举升机之前，一定要先阅读说明书；参阅具体车辆的维修信息，找出推荐的车辆举升点位置。车辆举升点是为安全升起车辆设计的，举升机举升垫和移动式千斤顶应准确放置在举升点位置。车辆的重心应靠近举升机的中心，以免车辆失衡落下。龙门式举升机如图 1-1-9 所示。

图 1-1-9　龙门式举升机

2）慢慢升起举升机，车辆升高约 150mm 时停止举升，晃动车辆，确认车辆在举升机上是平衡的。如果听到异响，则表明车辆可能没有正确支撑，应降下车辆，并重新对正车辆举升点和举升垫。

3）将车辆完全举起后，锁住举升机的安全钩后才能在车底作业。即使举升机液压系统失效了，安全钩也能保证举升机和车辆不会落下。

4）车辆举升时车内不能有人员乘坐。

6. 千斤顶的安全操作

1）修理人员在工作中经常用移动式千斤顶顶起车辆的前部、侧面或后部，如图 1-1-10 所示。为避免车辆损坏，千斤顶的鞍座应放置在建议的举升点处（纵梁、夹紧焊缝、悬架臂或后桥）。如果鞍座位置摆放不正确，可能会使车底的部件凹陷或损坏。

图 1-1-10　千斤顶

2）顺时针转动千斤顶手柄时，需关闭升起鞍座的液压阀，然后上下摇动手柄，缓慢升起车辆。车辆升到足够高度后，用支撑架进行支撑固定，如图 1-1-11 所示。

图 1-1-11　支撑架

3）车辆升起后，将车辆落到支撑架上。车辆驻车制动器操纵杆置于驻车位，并用木块塞住车轮。在用支撑架支撑车辆时，不要摇晃车辆。

4）将车辆从千斤顶上放下来时，应逆时针慢慢转动手柄将车辆缓慢降下，防止车辆突然降落造成损伤。

5）在车底作业时，要用支撑架将车辆支撑住，而不能单靠液压千斤顶支撑。

活动二　熟知场地安全

1. 车身修理车间的布置

（1）工作区布置　车身修理车间主要完成车身修复与涂装两项工作，工作区域分为车身修复工作区域（钣金工作区）和涂装工作区域（喷涂工作区）。

车身修复工作区域一般分为钣金加工检查工位、钣金加工校正工位、车身校正工位和材料存放工位等，具体还要根据实际车间的实际工位来决定。在车身修复工作区域要完成事故车辆的检查、车辆零部件拆卸、车身板件更换和车身装配调整等工作。

（2）气路、电路布置　车身维修车间内压缩空气的压强一般为0.5～0.8MPa。一般车间要有一个压缩空气站，各个工位要有压缩空气接口，管路要沿墙壁布置，布置高度不超过1m，也可布置在靠近车间顶板的位置。每个工位至少要留出两个接口，并安装开关，采用快速接头。

车身维修车间的用电量很大，一般都不小于15A，而大功率的电阻点焊焊接电流不小于30A，所以要在车间校正工位附近设置一个专用的配电箱供车身修复焊接用电，配电箱的位置距离车身校正系统不能超过15m，防止线缆过长导致电路过热。每个插座要保证接地良好。

2. 车辆安全注意事项

1）安全驾驶，车辆在车间内移动时要在车间内规定的路线上行驶，并始终保持有一个窗户是开着的，按照规定限速行驶。

2）细心观察车辆行驶方向的状况，确保没有人或物品挡住道路。

3）安全固定车辆。停靠时应拉起驻车制动器，防止车辆移动，如图1-1-12所示。

4）避免接触旋转中的部件。不要穿着宽松的衣服，身体远离运动部件，以防止造成手指折断或更严重的伤害。

5）拔出车辆点火钥匙，防止其他人员起动车辆，造成不必要的伤害。

6）所有的紧固件都要按规定安装。

7）手指远离处于拉伸状态时的弹簧、发动机舱盖和车门的铰链弹簧，以防手指被弹簧夹伤或割破。

图 1-1-12 拉起驻车制动器

3. 电气安全

修理电动设备和电动工具前应先断开电源，否则会有电击危险，严重的可能造成伤亡事故，如图 1-1-13 所示。

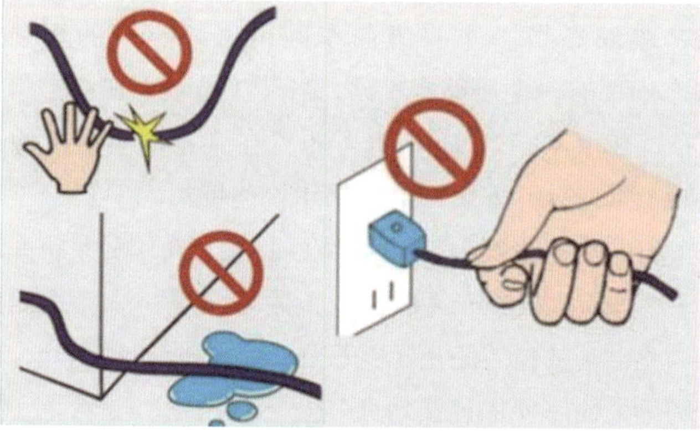

图 1-1-13 电气安全

保持地面无水。水能导电，如果带电导线落入站有人的水坑中会带来电击危险。在使用电动工具时必须保持地面干燥。

应确保电动工具和设备的电源线正确接地。如果电源线中的接地插头断裂，则应更换插头后再使用工具。定期检查电线的绝缘层有无裂缝或裸露出导线，及时更换有破损的电线，如图 1-1-14 所示。

4. 消防安全

1）车身修理车间内禁止吸烟。

2）在车间内不许随身携带火柴或打火机。

3）易燃材料应远离热源。车身隔声材料易燃，在对车身板件进行焊接或使用割炬、等离子弧切割时，必须先将隔声材料拆下。

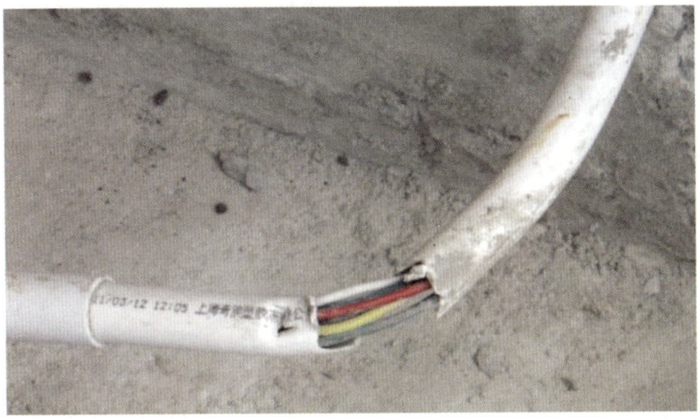

图 1-1-14　破损的电线

4）进行焊接或切割时，高热量的火星能够运动很长一段距离，因此不允许在油漆、稀释剂或其他可燃液体或材料周围进行焊接或切割，不允许在蓄电池周围进行焊接或研磨。

5）燃油箱应当排空后拆下。如果在燃油箱加油管周围进行车身修复作业，则应将加油口盖拧紧并盖上湿抹布。

6）在车辆内饰旁边进行焊接和切割时，应拆下座椅或地板垫，或用一块浸水的布或焊接毯盖上，最好在旁边备一桶水或一个灭火器。

7）工作中不要让车辆上的导线短路，过大的电流会使导线过热、熔化并燃烧，造成电器火灾。为防止电器火灾，在进行电器作业或在车身作业时，一定要断开蓄电池。

8）一旦不慎发生了火灾，千万不要慌张，按照火灾预案进行处理。

9）灭火器的使用方法：

燃烧的三个基本要素是热量（温度）、易燃物和氧气。只要使三要素中的一个缺失就能熄灭火焰，防止火灾的发生。在车身修复车间一般都要配备水龙头、灭火器、防火沙等灭火材料。多用途的干粉灭火器可扑灭易燃物、易燃液体和电器火灾，车身修复车间应该配备一些这种灭火器。操作说明印在每个灭火器上面，但是在紧急情况下，可能没有时间阅读标签，所以必须事先掌握灭火器的使用方法，如图 1-1-15 所示。

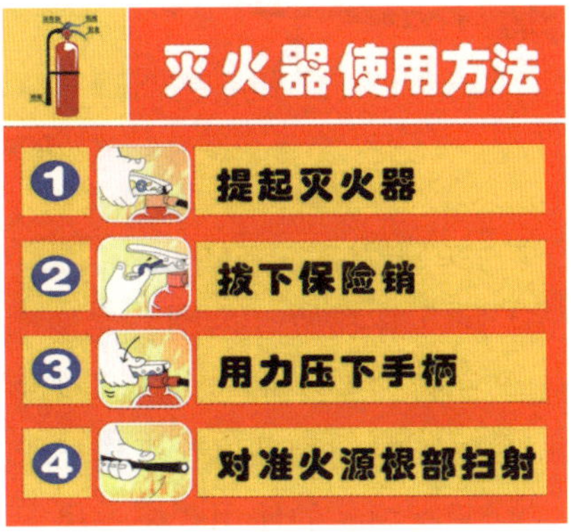

图 1-1-15　配备灭火器与灭火器的使用方法

5. 汽车维修企业管理内容与要求

6S 管理即造就安全、舒适、明亮的工作环境，提升员工真、善、美的品质，从而塑造企业良好的形象，实现共同的梦想。6S 管理内容如图 1-1-16

所示。

6S 指对生产现场各生产要素所处状态不断进行整理、整顿、清扫、清洁及提升人员的安全意识和素养活动。6S 是保证车间环境，实现轻松、快捷和可靠（安全）工作的关键点。要确保汽车维修的质量，可以从以下六个方面进行提升：

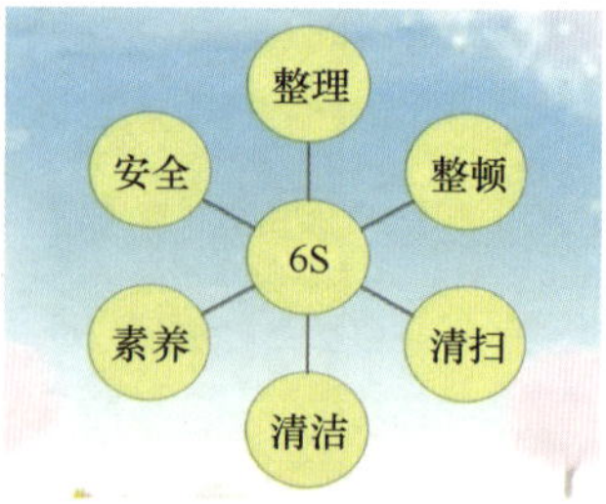

图 1-1-16 6S 管理内容

（1）整理（SEIRI）

1）含义。将工作场所任何物品区分为有必要的与不必要的；把必要的物品与不必要的物品明确地、严格地区分开；不必要的物品要尽快处理掉。通过整理可以改善和增加作业面积，减少磕碰的机会，有利于提高产品质量，消除管理上的混放、混料等差错事故，有利于减少库存，节约资金，如图 1-1-17 所示。

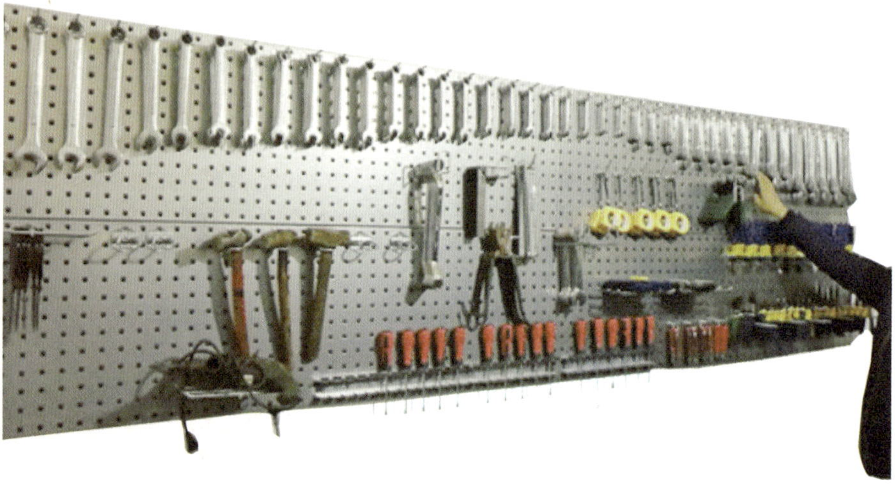

图 1-1-17 整理

2）实施要领。

① 对工作场所（范围）全面检查，包括看得到的和看不到的。

② 制订“要”和“不要”的判别规则。

③ 将不要的物品清除工作场所。

④ 调查物品的使用频率，决定日常用量及放置位置。

3）功效。最佳推销员——被顾客称赞为干净整洁的工厂，对这样的工厂有信心，乐于下订单与口碑相传，会提升车主对维修厂的信任度。整洁明朗的环境，会使大家希望到这样的厂工作。

（2）整顿（SEITON）

1）含义。整顿是整理的更进一步，对整理之后留在现场的必需品分门别类后放置在指定的位置，排列整齐，以便能最快速地取得所要之物，并明确物品数量，进行有效标识。整顿创建一目了然的工作现场，出现异常情况能马上发现并及时处理，减少寻找物品的时间，提高工作效率，减少浪费和非必需的作业，如图 1-1-18 所示。

图 1-1-18　整顿

2）实施要领。

① 需要的物品明确放置场所。

② 摆放整齐、有条不紊。

③ 地板划线定位。

④ 场所、物品标示清晰。

⑤ 物品摆放处于节约空间资源的状态中。

3）功效。节约——减少很多不必要的材料以及工具的浪费，减少寻找时间，降低工时，提高效率。

（3）清扫（SEISO）

1）含义。将工作场所清扫干净，保持工作场所干净、亮丽，如图 1-1-19 所示。

2）实施要领。

① 建立清扫责任区（室内、室外）。

② 执行例行扫除，清理脏污。

③ 调查污染源，予以杜绝或隔离。

④ 建立清扫基准，作为规范。

3）功效。对安全有保障——明亮、清洁的工作场所，视野开阔的工作环境；遵守堆积限制，危险处一目了然；通道标识明确，避免因杂乱无章而影响工作。

图 1-1-19　清扫

(4) 清洁（SEIKETSU）

1）含义。将上面的整理、整顿、清扫三项内容实施的做法制度化、规范化，如图 1-1-20 所示。

图 1-1-20　清洁

2）实施要领。

① 落实前面提到的整理、整顿、清扫三项工作。

② 制订目视管理的基准。

③ 制订考评方法。

④ 制订奖惩制度，加强执行。

3）功效。标准化的推动者——“3 定”“3 要素”原则规范作业现场，工作人员都按照规定执行任务，程序稳定，带来品质稳定，成本也安定。

(5) 素养（SHITSUKE）

1）含义。通过员工培训等方法，提高员工文明礼貌水准，增强团队意识，养成按规定行事的良好工作习惯，如图 1-1-21 所示。

图 1-1-21　素养

2）实施要领。

① 制订公司有关规则、规定。

② 制订礼仪守则。

③ 教育训练（新进人员强化 6S 教育、实践）。

④ 推动各种精神提升活动（晨会，例行打招呼、礼貌用语等）。

⑤ 推动各种激励活动，遵守规章制度。

3）功效。形成令人满意的职场——创造明亮、清洁的工作场所，使员工有成就感，建立能促进全体人员参与改善的氛围。

（6）安全（SAFETY）

1）含义。安全就是要维护人身与财产不受侵害，以创造一个零故障、无意外事故发生的工作场所，目的是保障员工的人身安全，保证生产连续安全正常地进行，同时，减少因安全事故而带来的经济损失。

安全的推行基本方法如下：

建立安全生产责任制：根据各层次、各部门相应的职能，建立安全生产责任制，使各层次、各部门的安全生产责任明确、全面且条理化，体现“分级管理，分线负责”的原则。

制订安全管理制度：根据“安全生产，人人有责”的原则制订以企业安全生产责任制为核心的全厂性制度。

开展安全培训教育：利用各种宣传工具进行宣传，开展安全讲课、报告会和座谈会等活动，如图 1-1-22 所示。

图 1-1-22 安全知识培训

2）实施要领。

① 建立健全各项安全管理制度。

② 加强员工的安全培训教育。

③ 做好各类安全标志。

④ 定期巡视现场，消除安全隐患。

活动三 熟知施工安全

1. 呼吸系统和肺部的防护

在对镀锌钢材进行焊接时产生的焊接烟尘、在进行打磨抛光时产生的微尘、清洗部件时挥发的溶剂和在喷射防腐剂时挥发的液滴，都会被吸入呼吸系统中，对人体产生暂时的甚至永久的伤害。在进行这些操作时必须佩戴呼吸器。

(1) 供气式呼吸器 供气式呼吸器通常包括一个有透明目镜的兜帽和一个外接气源软管。干净可呼吸的空气通过软管从一个单独的气源泵送到面罩或头盔中，如图 1-1-23 所示。

供气式呼吸器可使操作人员免于吸入对人体有害的空气悬浮物，如添加了固化剂的涂料、异氰酸酯涂料蒸气、烟雾以及溶剂蒸气。供气式呼吸器是最安全的保护方式，建议在喷涂所有类型的底漆、涂料、密封材料和防腐材料时都使用供气式呼吸器。

(2) 滤筒式呼吸器 滤筒式呼吸器通常有一个橡胶面罩，能够贴合脸部轮廓，保证气密性，如图 1-1-24 所示。它有可更换的预滤器和滤筒，能够清除空气中的溶剂和其他蒸气，有进气阀和出气阀，保证所有吸入的空气都通过过滤器。

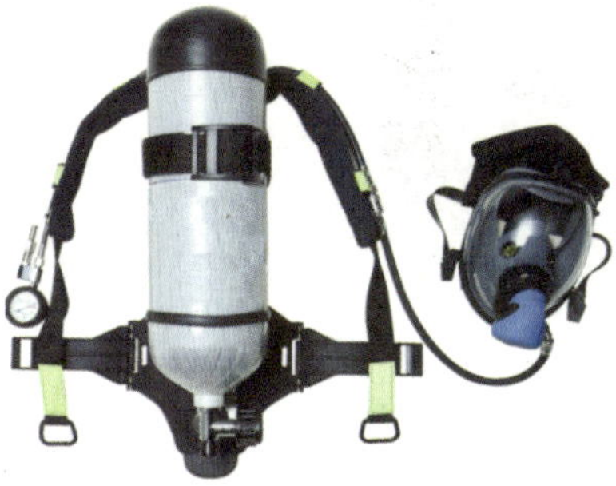

图 1-1-23　供气式呼吸器

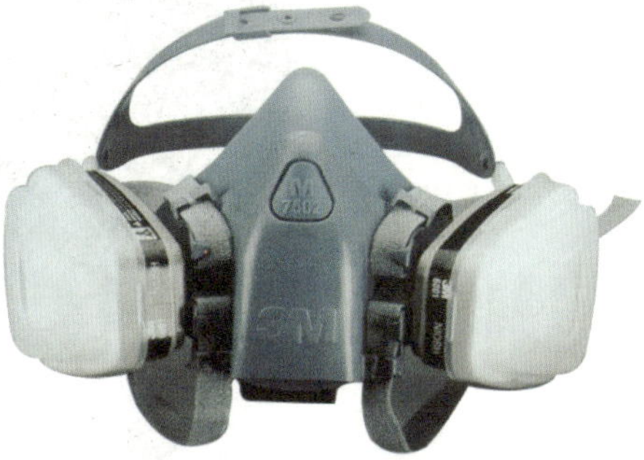

图 1-1-24　滤筒式呼吸器

（3）焊接/切割用呼吸器　焊接/切割用呼吸器上有一个特殊的滤筒，用来吸收焊接/切割的烟尘，如图 1-1-25 所示。在对镀锌钢材进行焊接时，产生的焊接烟尘和锌蒸气会对人体产生非常大的伤害。

图 1-1-25　焊接/切割用呼吸器

（4）防尘呼吸器　防尘呼吸器一般是用多层滤纸制作的廉价纸质过滤器，它能够阻挡空气中的微粒、粉尘进入人的鼻腔、咽喉、呼吸道和肺部，如图 1-1-26 所示。在进行打磨、研磨或用吹枪吹净板件操作时会产生大量的粉尘，应佩戴防尘呼吸器。

（5）呼吸器的测试和保养　呼吸器的密封是非常重要的，它能防止污染的空气通过进入人的肺部。使用呼吸器前要检查有无空气泄漏，对呼吸器进行密合度测试，负压和正压的都要检查，一般可用下面的方法快速检查：

1）负压测试。严密封住滤芯并吸气，密合性良好时，面罩部分会随着正常的吸气而朝脸部凹陷。

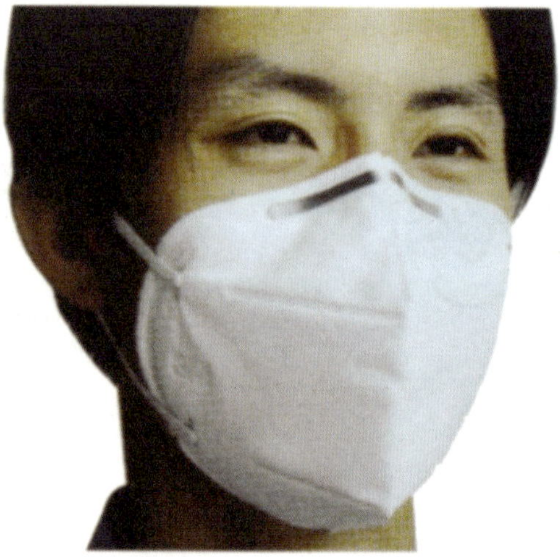

图 1-1-26　防尘呼吸器

2）正压测试。严密封住呼吸器出气口并呼气，密合性良好时，面罩部分会鼓起，而空气不会随着正常的呼气从面罩中逸出。

3）还可以将基醋酸盐靠近面部面罩的密封处，如果未闻到气味，则密封良好。

当使用呼吸器时呼吸困难或到达更换周期时应更换过滤器，一旦闻到溶剂的味道就应更换滤芯。定期检查面罩，确保没有裂纹或变形。呼吸器应保存在气密的容器内或塑料自封袋中，保持清洁。

面部过多的毛发会妨碍气密性，面部毛发浓密的修理人员应采用供气式呼吸器。

2. 头部的防护

车身修理人员在进行修理操作时要戴上安全帽，以保持头发的清洁。在车下作业或者进行拉伸校正操作时要佩戴硬质安全帽，防止碰上头部。头发不要过长，工作时要把头发放入安全帽内。安全帽如图 1-1-27 所示。

3. 眼睛和面部的防护

在进行修理操作时都要求佩戴护目镜、风镜、焊接面罩、头盔等眼睛和面部的保护装置，如图 1-1-28 所示。

护目镜能在进行锤击、钻孔、磨削和切削等操作时保护眼部。在进行可能会造成严重面部伤害的操作时，仅戴护目镜无法提供足够的保护，应佩戴全尺寸防护面罩。

在进行保护焊、等离子切割或氧乙炔焊操作时，应佩戴有深色镜片的头盔或护目镜。头盔能保护面部免受高温、紫外线或熔化金属的灼伤，变色镜片能保护眼睛免受过亮光线或电弧紫外线的伤害。

图 1-1-27　安全帽

图 1-1-28　焊接时佩戴防护面罩

4. 耳朵的防护

在高分贝环境工作时，需要佩戴耳塞或耳罩等耳朵保护装置，如图 1-1-29 所示，例如使用气动錾、气动锯等切割工具、板件击打、打磨等操作产生的高分贝噪声都会对耳朵造成伤害。在进行焊接时，耳塞或耳罩还可以避免熔化的金属进入内耳。

图 1-1-29　耳罩

5. 身体的防护

在车间内应穿着合格的连体工作服，如图 1-1-30 所示，不能穿着宽松的衣服，不系衬衫袖扣子，不能让领带松垂以及不可披着衬衫。衣物应远离发动机等运动部件，否则宽松、下垂的衣物有可能被绞入运动部件，造成严重的身体伤害。在工作前应摘除佩戴的饰物。

在焊接时，裤长要能盖住鞋头，防止炽热的火花或熔化的金属进入鞋子。下身通常可穿上皮质的裤子、绑腿、护脚来防止熔化的金属烧穿衣物，上身的保护包括焊工夹克或皮围裙。

如果化学物品（清洁溶剂、还原剂、稀释剂、油漆清除剂等）溅到衣服上，应立即脱掉衣服，这些化学物品一旦接触皮肤，可能会造成疼痛、发炎、皮疹或者严重的化学烧伤。

6. 手的防护

在焊接时应戴上皮质的手套，防止被熔化的金属烧伤，如图 1-1-31 所示。

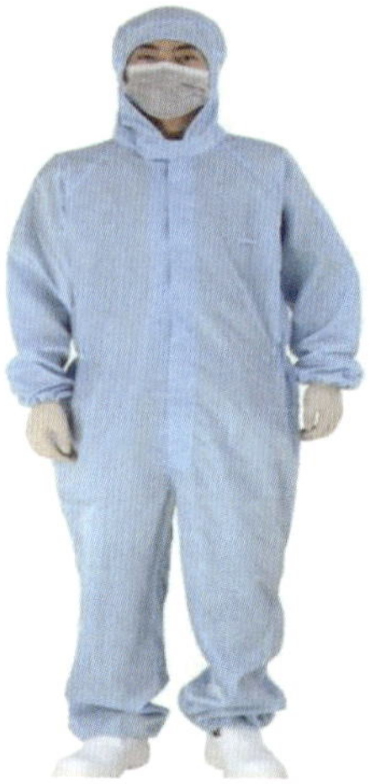

图 1-1-30 防静电防护服

图 1-1-31 焊接皮手套

7. 腿与脚的防护

在车间工作时最好穿鞋头有金属片、防滑的安全鞋，如图 1-1-32 所示。

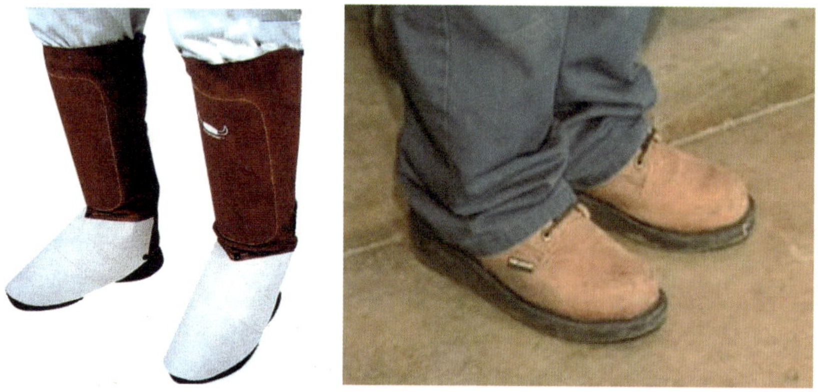

图 1-1-32 护具和安全鞋

在焊接时最好穿绝缘鞋，防止触电事故的发生。在腿部和脚部最好有焊接护腿和护脚保护。在操作时有时可能会跪在地上，时间长了会引起膝盖损伤，最好佩戴护膝。

8. 车间安全生产准则

修理人员在进行车身修理时要遵守以下准则：

1）掌握信息。在使用各种设备前先要看产品说明书。

2）佩戴个人防护用品。在打磨、喷砂或处理溶液时，应佩戴头罩、护目镜或防尘镜、防尘面具，穿着工作服。面具应与皮肤紧密贴合，防止灰尘和微粒进入。在研磨、打磨或处理溶液时请勿佩戴隐形眼镜。

3）在用压缩空气枪吹洗车门的侧壁和其他难以达到的地方时，应当戴上护目镜和防尘面具。

4）在金属处理过程中，因金属调理剂含有磷酸，吸入这种化学物质或它与皮肤、眼睛接触，能够引起发炎，使用这种材料时，要佩戴护目镜、橡胶手套及气体呼吸器，并穿着工作服。

5）防止恶作剧。在工作场地不允许追逐、打闹，因为工作区的许多设备、工具，还有气和电的管路、电路都存在潜在的危险，可能对人员和物品产生危险。

6）搬运物品。抬起和搬运物品时，应弯曲膝部而不能弯曲腰部。重物必须使用适当的设备进行提升和移动。

任务二　钣金维修技师接车

任务描述

服务顾问接待了一辆发生了较为严重的碰撞事故车，在与客户沟通后下发了派工单，维修技师接到派工单以后，对车辆进行损坏分析并制订维修方案。

任务目标

素养目标	能力目标	知识目标
1）通过自主查阅资料，培养学生自主学习能力与分析能力 2）通过分组学习，培养学生合作能力与解决问题的能力 3）通过制订维修方案，培养学生的业务能力 4）通过规范操作，培养学生爱岗敬业、科学严谨的职业素养	1）能自主查阅相关维修技术资料获取车身维修方案的信息 2）根据任务要求和实际情况，小组合作，对车辆的损坏进行分析并制订维修方案 3）能按照车辆维修手册制订出正确的维修方案	1）掌握制订车身板件损坏更换维修方案 2）熟悉指导中级工对维修方案的实施 3）了解在实施过程可出现的突发状况，及时调整方案

活动一 查看任务单

钣金维修技师接车后，首先查看维修派工单，见表 1-2-1。

表 1-2-1 维修派工单 编号：

服务中心： 服务顾问：

<table>
<tr><td rowspan="2">客户信息</td><td colspan="2">客户送修人</td><td>地址</td><td colspan="3">联系电话</td></tr>
<tr><td colspan="2"></td><td></td><td colspan="3"></td></tr>
<tr><td rowspan="2">车辆信息</td><td>车牌号</td><td>车型</td><td>VIN 码</td><td>发动机号</td><td colspan="2">里程数</td></tr>
<tr><td></td><td></td><td></td><td></td><td colspan="2"></td></tr>
<tr><td rowspan="2">作业信息</td><td colspan="2">车辆进站时间</td><td>是否有贵重物品</td><td colspan="3">油箱油量</td></tr>
<tr><td colspan="2"></td><td>□是 □否</td><td colspan="3">□1/4 □1/2 □3/4 □F</td></tr>
<tr><td colspan="3">车身状况漆面检查，损伤部位下图标注</td><td colspan="4">客户故障描述</td></tr>
<tr><td colspan="3">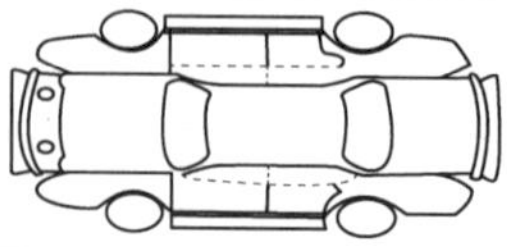</td><td colspan="4"></td></tr>
<tr><td>车身检查</td><td colspan="6"></td></tr>
<tr><td>车内检查</td><td colspan="6"></td></tr>
<tr><td rowspan="9">计划维修项目</td><td colspan="2">维修项目</td><td>修复人员</td><td>预计耗时</td><td>预计耗材费</td><td>检查人</td></tr>
<tr><td colspan="2"></td><td></td><td></td><td></td><td></td></tr>
<tr><td colspan="2"></td><td></td><td></td><td></td><td></td></tr>
<tr><td colspan="2"></td><td></td><td></td><td></td><td></td></tr>
<tr><td colspan="2"></td><td></td><td></td><td></td><td></td></tr>
<tr><td colspan="2"></td><td></td><td></td><td></td><td></td></tr>
<tr><td colspan="2"></td><td></td><td></td><td></td><td></td></tr>
<tr><td colspan="2">预计交车时间：</td><td>小计</td><td></td><td></td><td></td></tr>
<tr><td colspan="2">客户签字：</td><td></td><td></td><td></td><td></td></tr>
<tr><td rowspan="7">新增维修项目</td><td colspan="2">维修项目</td><td>修复人员</td><td>预计耗时</td><td>预计耗材费</td><td>检查人</td></tr>
<tr><td colspan="2"></td><td></td><td></td><td></td><td></td></tr>
<tr><td colspan="2"></td><td></td><td></td><td></td><td></td></tr>
<tr><td colspan="2"></td><td></td><td></td><td></td><td></td></tr>
<tr><td colspan="2"></td><td></td><td></td><td></td><td></td></tr>
<tr><td colspan="2">新增维修时间：</td><td>小计</td><td></td><td></td><td></td></tr>
<tr><td colspan="2">客户签字：</td><td></td><td></td><td></td><td></td></tr>
<tr><td rowspan="2">预估交车时间</td><td colspan="2" rowspan="2"></td><td rowspan="2">预估</td><td>总耗时</td><td rowspan="2">服务顾问签字：</td><td rowspan="2"></td></tr>
<tr><td>材料费</td></tr>
<tr><td>客户评价</td><td>□满意</td><td>□不满意</td><td colspan="4">不满意原因：□服务态度 □维修质量 □服务环境 □维修时间</td></tr>
<tr><td colspan="7">实际交车时间：</td></tr>
</table>

1. 维修技师对照客服下发的派工单核对车辆信息

维修技师对照服务顾问下发的派工单核对车辆信息内容如下：

1）目测车身损伤部位是否和派工单一致，如图 1-2-1 所示。

图 1-2-1 目测车身损伤部位

2）车内是否有贵重物品。

3）车辆是否有车身以外的损伤，如图 1-2-2 所示。

图 1-2-2 车身以外的损伤

2. 核对信息后与客服进行沟通

1）提出客户没有发现的损伤部位。

2）建议客户进行拆解分析。

活动二　对车辆损坏进行分析

车身修理的第一步是对受到损坏的部位进行分析。维修技师必须学会识别出现在受损坏的金属上的一些状态。下面列出的是金属在受到碰撞时，可能会发生的一些情况。

1）直接损坏：断裂、擦伤或划痕。

2）间接损坏：折损（单纯铰折、凹陷铰折、单纯卷曲、凹陷卷曲）和挤压（拉伸部位、压缩部位）。

3）加工硬化：包括正常的和碰撞时产生的。

4）造成损坏的力的方向：单一方向和四周扩散方向。

金属会受到两种类型的损坏，即直接损坏和间接损坏。

直接损坏：直接损坏很容易理解。它通常以断裂、擦伤或划痕的形式出现，用眼睛即可看到。直接损坏是引起碰撞的物体与金属板上受到损坏的部位直接接触而造成的，如图 1-2-3 所示。在所有的损坏中，直接损坏通常只占 10%～15%。但是，如果碰撞产生了一条很长的擦伤或折痕，它将在总的损坏中占 80%。

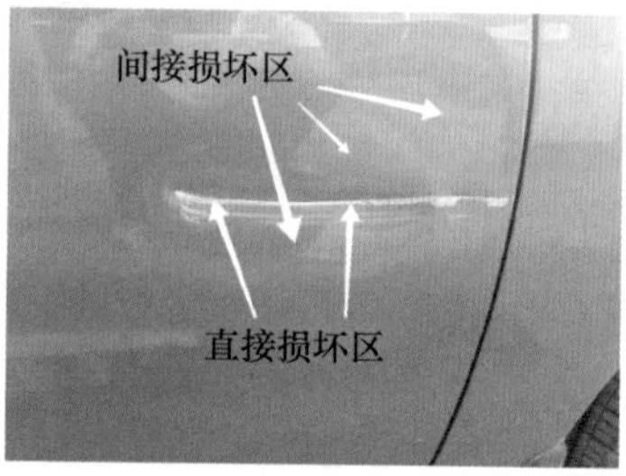

图 1-2-3　损坏类型

间接损坏：间接损坏是由直接损坏引起的。通常，在所有的损坏中，大部分都是间接损坏。所有非直接的损坏都可看成是间接损坏，大多数碰撞都会同时造成这两种损坏。各种构件所受到的间接损坏没有什么区别，它总是产生同样的弯曲，同样的压缩力。对间接损坏的修理方法也是相同的，只是由于受损坏部位的尺寸、硬度和位置的不同，所用的修理工具有所不同。间接损坏平均占所有损坏的 80%～90%。由于各种构件所受到的间接损坏基本相同，80%～90%的金属板都可采用同样的方法修理。可采用一些基本的方法来修理大多数车身。

可以对直接损坏进行的修理是很有限的。当今汽车上使用的金属往往太薄，难以重新加工。矫直修理需花费很多时间，所以实际上一般不对受到直接损坏的部位进行修理。修理直接损坏通常需要使用塑料填充剂，有时还需要使用铅性填充剂，在填充的过程中，间接损坏也得到了修理。每一种构件所受到的直接损坏有所不同。

加工硬化：如上所述，只要将金属弯曲，就会发生加工硬化。当金属在制造厂第一次被加工成形时以及当它受到损坏时，都会发生加工硬化。为了便于理解，可观察一块平坦的金属板被加工成车身面板（例车门外板）的过程，如图 1-2-4所示。将金属板放在冲压机上，板材的外缘受到严格的定位，板材的中心部位被拉入冲压机，迫使原先平坦的板材变成冲模的形状。金属在进入冲压机之前相当柔软，冲压后变得很硬。由于晶体组织的重新排列，它已经发生加工硬化。

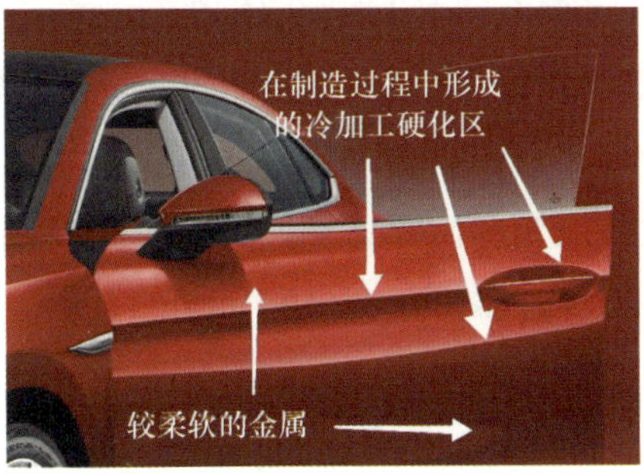

图 1-2-4 加工硬化区

活动三 制订维修方案

上述分析和有关折损的理论使维修技师具备了有关的知识。接下来他们还必须具备有关修理的基本技能，然后他们还应该能够将所有这些知识和技能综合在一起，进行全面的修理。维修技师必须制订出合理的修理方案，这样可以避免许多“因修理造成的”损坏，使整个修理时间都用在汽车原来受到的损坏上。

对于每一种类型的损坏、每一种汽车和汽车上不同部位的损坏，大致修复的过程各不相同。换言之，大致修复对于每一辆需要修理的车都十分重要。必须认真分析每一次损坏的情况及造成损坏的环境。大致修复阶段的正确分析将有利于修理工作，否则会导致失败。不正确的大致修复会造成时间上的浪费而产生经济损失。

1. 受到拉伸的金属

当金属受到碰撞而产生严重损坏时，在严重折损处通常会受到拉伸。同样的部位在校正过程中也会受到轻微的拉伸。在直接损坏部位的隆起处、槽和折损处的金属容易受到拉伸。当金属板上存在拉伸区时，一定要将拉伸区校正到原来的形状。可将受到拉伸的部位与一个轮胎的凸胀相比较。受到拉伸的表面上设有一处符合正确的金属板的形状如图 1-2-5 所示。

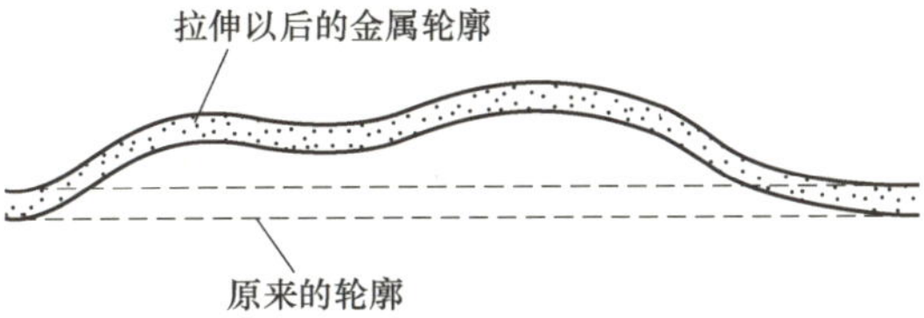

图 1-2-5 受到拉伸的金属断面

2. 受到拉伸的金属必须采用收缩的方法校正

金属上某一处受到拉伸以后，金属的晶粒将互相远离，金属板变薄并发生加工硬化。可以采用收缩的方法将金属分子拉回到其原来的位置上，使金属恢复到应有的形状和厚度，如图 1-2-6 和图 1-2-7 所示。收缩的目的是移动受拉伸的金属，但不影响周围的未受损伤的弹性金属。在进行任何收缩以前，必须尽量将损坏部位校正到原来的形状。然后，车身维修技师才可以准确地判断出损坏的部位是否存在受到拉伸的金属。如果存在，就应进行收缩。

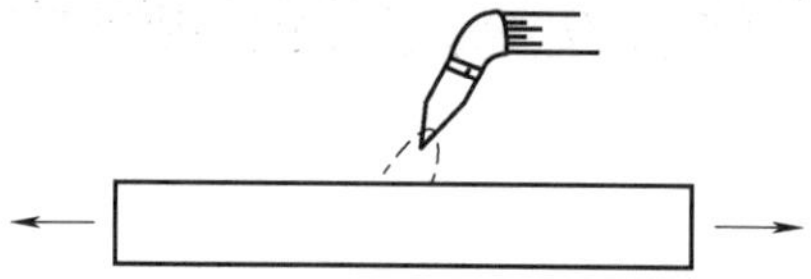

图 1-2-6 加热引起金属的膨胀

图 1-2-7 冷却使金属收缩

3. 收缩的原理

一条金属棒，它的两端都能够自由地伸缩。加热可以使它膨胀，而冷却可以使它回到原来的长度。如果将同一条金属棒的两端都固定住，对它先加热后冷却，金属棒的尺寸将会缩短。这一过程如下：

1）加热时，金属棒试图膨胀，如图 1-2-8 所示，但是由于它的两端都无法膨胀，在金属棒内部便产生了一个很大的压力载荷。

2）当温度进一步升高时，金属棒达到炽热状态并开始变软，压力载荷集中在炽热部位并随着炽热部位直径的增大而释放，如图 1-2-9 所示。

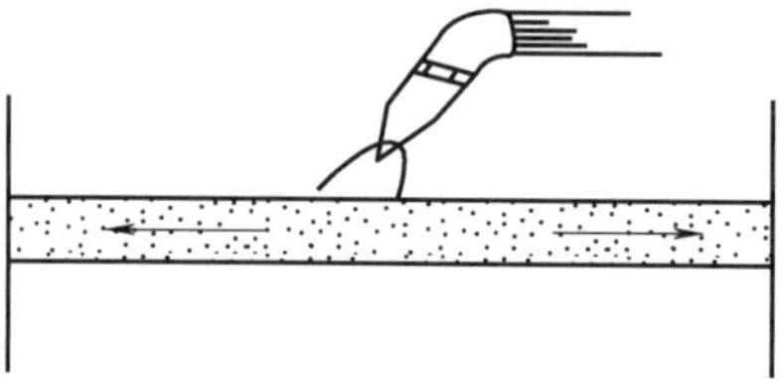

图 1-2-8 金属棒膨胀伸长

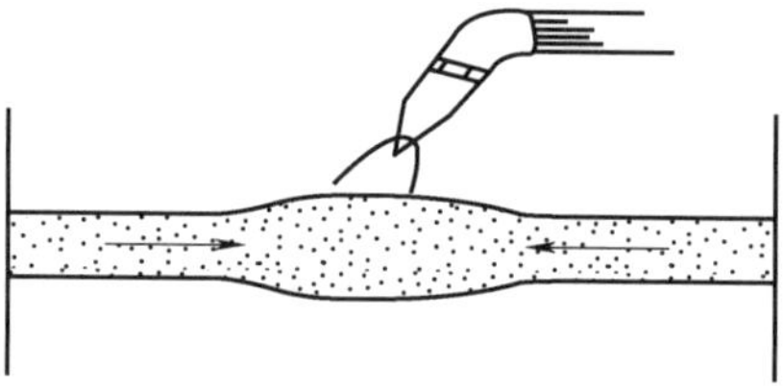

图 1-2-9 金属棒向长度膨胀受阻

3）如果金属棒被骤然冷却，便会产生收缩。同时，由于炽热部位直径的增大，会使金属棒的长度缩短，如图 1-2-10 所示。

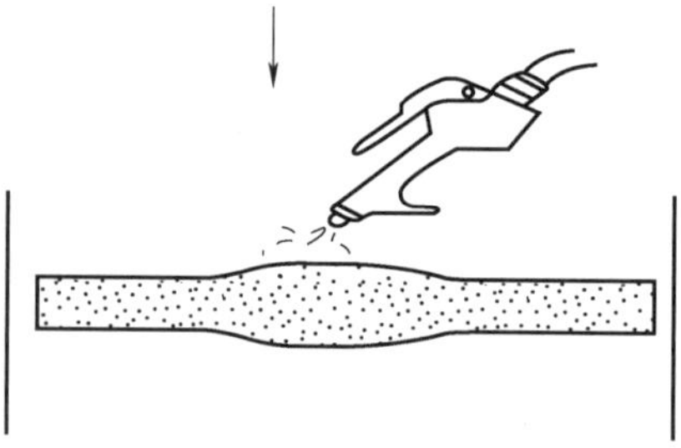

图 1-2-10 金属棒冷却缩短

上面有关金属棒收缩的原理也适用于金属板上变形部位的收缩。将变形区中心的一小块地方加热至暗红色，随着温度的升高，金属板的受热处开始隆起并试图向受热范围以外的地方膨胀。由于受热范围以外的金属既冷又硬，金属板无法膨胀，所以产生了很大的压力载荷。如果这时继续加热，金属的延伸将集中在柔软的炽热部位，这里的金属被向外推出，使这里变厚并释放了压力载荷。

4. 根据以上知识，结合受损车辆实际情况，遵循先里后外的原则制订维修方案

1）确定修复范围。

2）拆除装饰性构件、机械部件、电器、线束等妨碍维修的构件。

3）拉伸可以修复的构件。

4）拆除经过拉伸需要更换的构件。

5）校正可以修复后使用的构件。

6）安装修复后和更换的构件。

7）测量临时固定构件的尺寸。

8）焊接、铆接、粘接符合尺寸要求的构件。

9）调整覆盖件间隙。

提示：根据受损位置详细制订专用方案，做到一车一案。

项目二

铝车身钣金件的维修

任务一 铝车身门板损坏的修复

任务描述

李先生有一辆 2012 款奥迪 A8L，行驶里程约为 15 万 km。某一天在小区地下车库停车，由于转弯过急，左后门与卷帘门框发生严重碰擦。经检查左后门的全铝框架有严重凹陷变形，并且伴有漆面损伤，需要你对该车左后门的全铝框架进行修复。

任务目标

素养目标	能力目标	知识目标
1）通过自主查阅资料，培养学生自主学习能力与分析能力 2）通过分组学习，培养学生合作能力与解决问题的能力 3）通过规范操作，培养学生爱岗敬业、科学严谨的职业素养	1）能自主查阅相关维修技术资料获取铝车身门板修复的信息 2）根据任务要求和实际情况，小组合作，对门板的损坏进行分析并制订维修方案 3）能按照企业规范正确操作设备，修复车辆	1）掌握门板修复所需工具设备的使用方法 2）熟悉铝车身门板拆卸、安装的步骤 3）了解车门整形的方法 4）了解铝车身门板修复设备的操作注意事项 5）熟悉铝车身门板的维修步骤

活动一　知识准备

轻量化汽车是目前我国多数汽车生产行业所追求的目标，铝合金材料是轻量化汽车中不可缺少的材料，铝质车身材料不仅具有较强的可塑性，也具有较高的强度。但是铝车身材料的修复相比传统材料来说更复杂。

1. 铝质车身特点分析

铝质车身是汽车制造业研究的重点项目，铝质车身作为一种新材料，可以提高我国汽车制造业在市场上的竞争力。铝合金材料耐蚀性、耐磨性、导热性以及加工成形性均较高，加上该材料低密度的特点可以减轻汽车自重，因此，在汽车制造领域被应用。目前，我国汽车制造行业中的有些车辆车身已经局部或者整体采用了铝质板材，应用最常见的就是6000系合金铝，该类材料具有较强的可塑性和较高的强度，因此成为汽车生产厂家首选材料。

2. 铝质车身修复需要注意的问题

（1）铝质面板修复　铝质板件的厚度与钢质板件厚度相比，前者要明显大于后者，铝质板件的熔点较低，因此容易在加热的过程中出现变形，铝质板件一旦出现变形将影响精加工效果，很难二次成形。此时如果强行修复铝质板件，则容易促使板件发生断裂。因此，铝质板件受到较大程度的损坏或者修复后难以达到原有性能要求时，就需要更换新的板件。在更换铝质车身构件时通常采取粘接或者粘接和铆接联合使用的焊接方式。

铝质车身在实际修复中需要耗费的维修费用较高，因此一些损伤不大的面板可以采取相应的方式来修复，但是修复时所采取的修复方法一定要建立在铝质板材性能基础之上。铝质板材具有较强的可延展性，一旦受到碰撞要想恢复到原本的尺寸大小较为困难，此时维修人员可以使用橡胶锤或者木槌敲击错位部分，以便抑制铝材的延伸。在特殊情况下，如果必须采用锤子正位敲击时要遵循多次轻敲的原则，否则会使铝材损伤程度进一步加重。

技工在修复铝质车身板件之前需要确定其变形类型，使用橡胶锤或者木槌弹性敲击车身受损隆起的部位，这样做的目的是可以将撞击产生的应力进一步减小，避免坚硬折损处出现弯曲的情况。技工在修复铝质车身的凹陷部位时注意每次不要升起得太多，禁止拉伸铝材。在修复铝质面板时，则需要用到铅整形机，该设备可以校正受损部位。修复到位后使用专门的工具齐根剪下介子铝焊钉，并将其打磨平整。技工在校正铝板之前需要适度加热铝板，这也是与钢质车身维修区别之一。加热铝板的目的是可以增加其材料的可塑性，避免校正力施加导致铝板出现开裂问题。该环节需要技工人员严格控制好加热温度，以免过热引起铝材变形或者熔化。为了确保加热效果，技工可以在铝板加热之前在损伤部位使用120℃的热敏涂料或者是热敏笔画出半径为20~30mm的环状标志。这样便于技工根据涂料颜色的变化实时监控加热温度。

（2）铝质板材焊接　铝质车身在修复过程中一般很少采用惰性气体的焊接方式，粘接或粘接与铆接共用是铝质车身修复中经常采用的焊接方式。铝质车身在更换结构件时通常会用到焊接方法，其目的是确保车辆的整体性和导电性。

技工在铝质车身焊接过程中需要做好防护作业，焊接前要仔细查阅说明书，明确铝质车身板材中含有的成分，因为含有金属镁或者是铝镁合金的板材，在焊接过程中可以引燃金属，发生燃烧，该类材料一旦发生燃烧无法使用一般的灭火器将其扑灭，必须使用特质化学制剂。对于厂家严禁焊接的部位，技工要严格遵守，严格按照厂家规定完成车身修复作业。焊接操作之前，维修人员可以使用油脂清除剂或者石蜡清洁所要焊接的部位。如果所要焊接的部位表面存在涂层，则需要维修人员将涂层用砂轮机打磨干净，确保金属裸露出来，提高焊接质量。电压和送丝速度的调整需要严格按照焊接使用说明书来进行，除此之外，也需要维修人员结合以往工作经验适度做出相应调整，确保电压和送丝速度在正常数值范围内。如果所要焊接的部位发出沉闷的“嗡嗡”声，则证明电压和送丝速度已经调整到正常数值。

100%氩气和铝焊丝是铝质板材焊接过程中经常使用的材料，焊接过程中需要将气体流量增加到钢质车身焊接气体流量的50%。铝质板材焊接过程中严禁出现逆向焊接，否则会导致熔池过热，击穿铝板或者造成铝板塌陷。

（3）板件更换 板件更换常常发生在铝质板材硬化严重、损伤部位出现裂纹或断裂时。铝质车身修复常见的方法之一就是板件更换。在分离铝质板件时需要用到的工具有切割砂轮、切割锯和錾子等。铝质板件的分离与钢质板件差异性不大，但是铝质板件分离时禁止使用氧乙炔焊切割。

去除铝质板件中的铆钉不能采取传统钻除方法，正确的操作步骤是在铆钉顶部使用专用焊机焊接介子销钉，随后使用专门的拉拔工具拔出铆钉。维修人员在焊接介子销钉之前需要打磨好铆钉顶部漆面，在拉拔过程中要确保铆钉与专用工具呈现垂直状态。更换铝质板件时通常会采用以下两种方式，一种是分离开板件之后，轻轻敲入插入件，精确定位所要更换的部件，并在切割线的两侧钻出与铆钉匹配的孔，并将插入件取出，将周围的毛刺清除干净，做好清洁和除潮操作。随后将专用黏结剂使用特质胶枪均匀涂抹在外侧，并放入插入件，准确无误后，按照规定步骤进行拉铆操作即可。另一种方法是在所要切割的直线上钻出铆钉备用孔，确保备用孔保持一定间隔，随后沿着直线切割分离，放入插入件，并准确定位所要更换板件的位置，在已经钻好孔的位置重新钻孔，取出插入件，所有准备工作做好后进行打胶操作，再次放入插入件，准确定位后拉铆即可。

活动二　施工前准备

1. 工具准备

（1）工具、设备 常用工具一套、锤子、铝外形修复机、打磨机、工具车、零件车、垃圾桶、工作台等，如图2-1-1所示。

（2）防护工具 车辆挡块、车内三件套、干净抹布、安全帽、护目镜、工作服、安全鞋、棉线手套、焊接手套、焊接防护面罩、耳塞、焊接用呼吸器等。

图 2-1-1　常用工具箱

(3) 实训器材　故障车一台，如图 2-1-2 所示。

图 2-1-2　维修车辆

2. 场地准备

施工场地干净整洁，无杂物，设备工具摆放整齐，如图 2-1-3 所示。

图 2-1-3　场地整洁

3. 人员准备

穿戴整洁，做好防护。作业开始前，维修人员需穿戴好所有的安全防护用品，防止操作中设备出现问题而伤害身体，如图 2-1-4 所示。

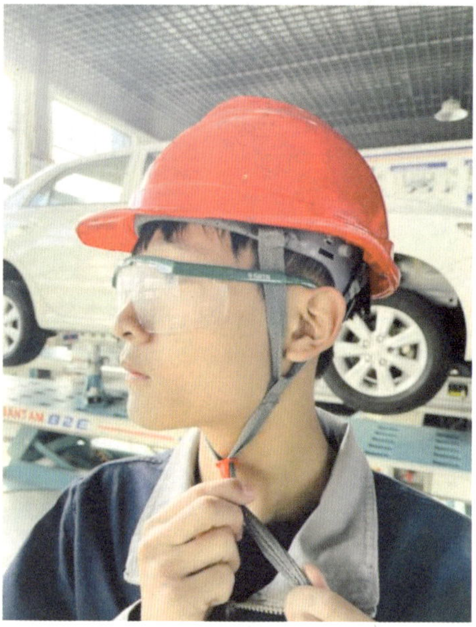

图 2-1-4 实训防护

活动三 施工

步骤一 拆卸车辆车门内饰板

1. 断开蓄电池负极电缆

使用 10mm 套筒与棘轮扳手断开蓄电池负极电缆，如图 2-1-5 所示。

图 2-1-5 断开蓄电池负极电缆

2. 拆卸车门内饰板

1）打开车门。

2）使用合适的工具拆卸车门扶手座上部饰板，如图 2-1-6 所示。

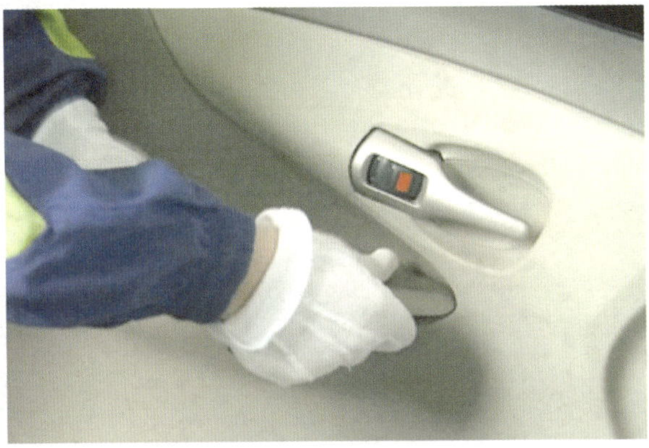

图 2-1-6 拆卸扶手座上部饰板

3）断开线束插接器插头，如图 2-1-7 所示。

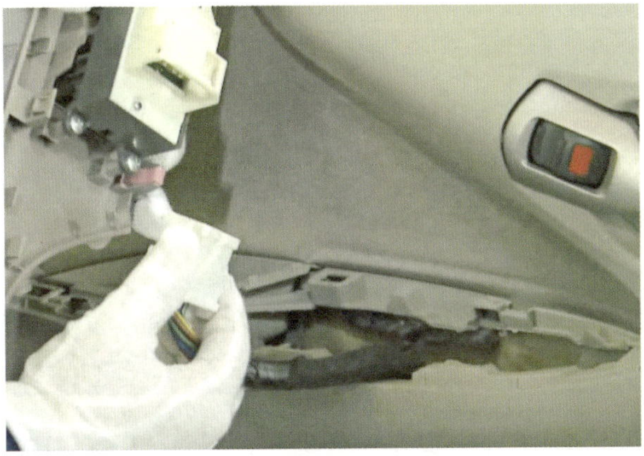

图 2-1-7 断开线束插接器插头

4）使用合适的工具拆卸车门内把手框饰板，如图 2-1-8 所示。

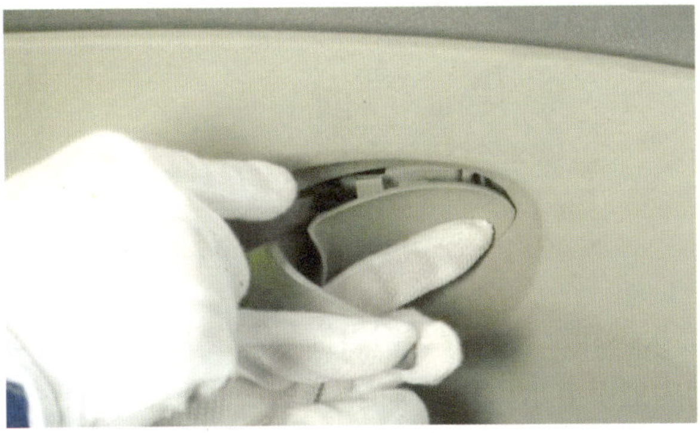

图 2-1-8 拆卸车门内把手框饰板

5）使用合适的工具拆卸车门扶手座装饰盖，如图 2-1-9 所示。

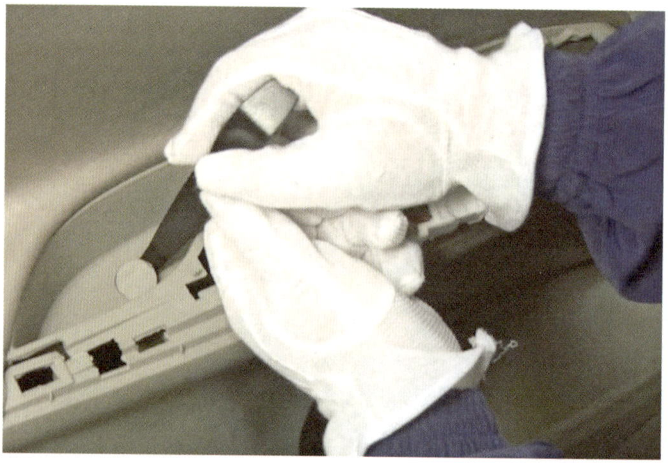

图 2-1-9 拆卸车门扶手座装饰盖

6）使用十字螺钉旋具拆卸两颗车门内饰板固定螺栓，如图 2-1-10 所示。

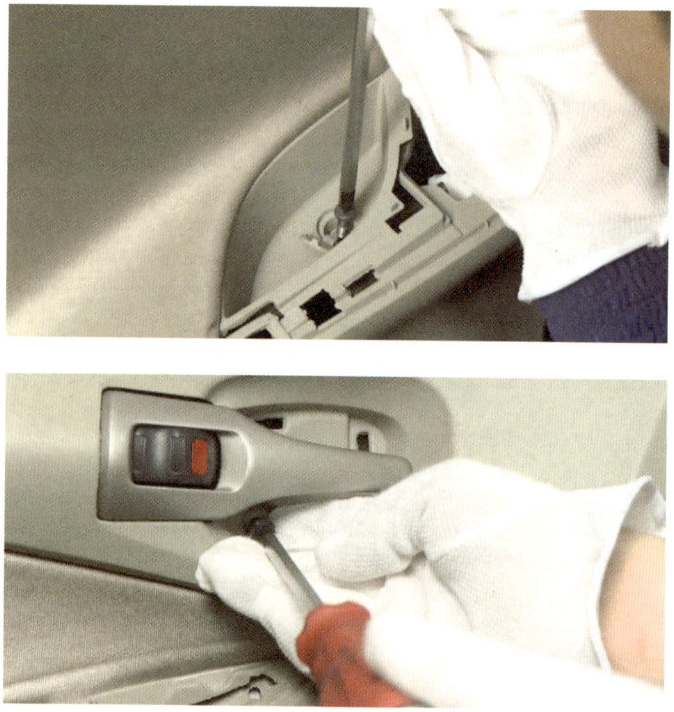

图 2-1-10 拆卸两颗车门内饰板固定螺栓

7）使用内饰板拆卸工具脱开车门内饰板固定卡扣，如图 2-1-11 所示。

8）脱开车门内把手卡爪，分离车门内把手，并取下车门内饰板，如图 2-1-12 所示。

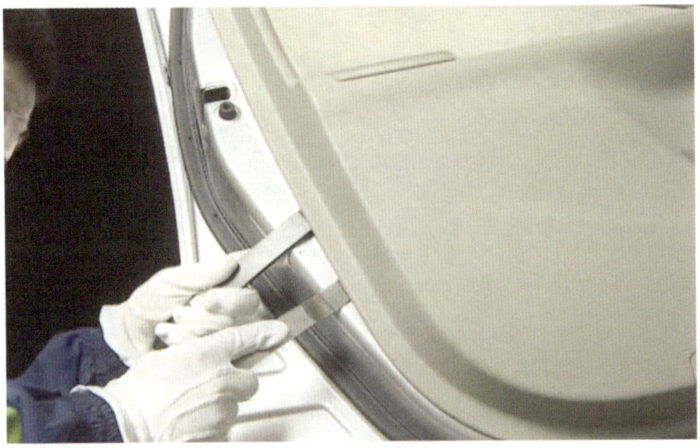

图 2-1-11　脱开车门内饰板固定卡扣

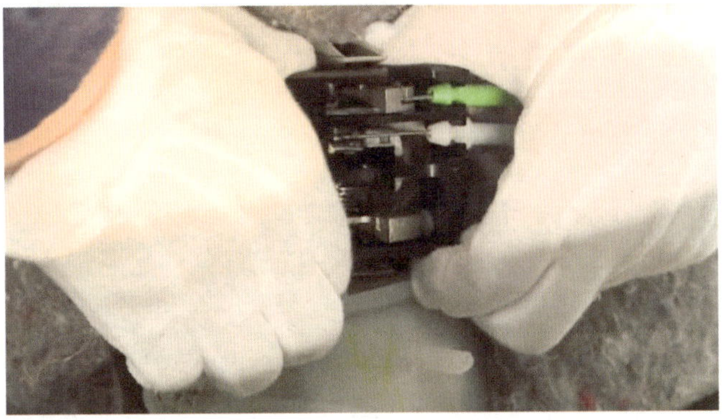

图 2-1-12　分离车门内把手

步骤二　拆卸车窗玻璃及玻璃升降器

1. 拆卸车窗玻璃

1）拆卸车门玻璃内密封条，如图 2-1-13 所示。

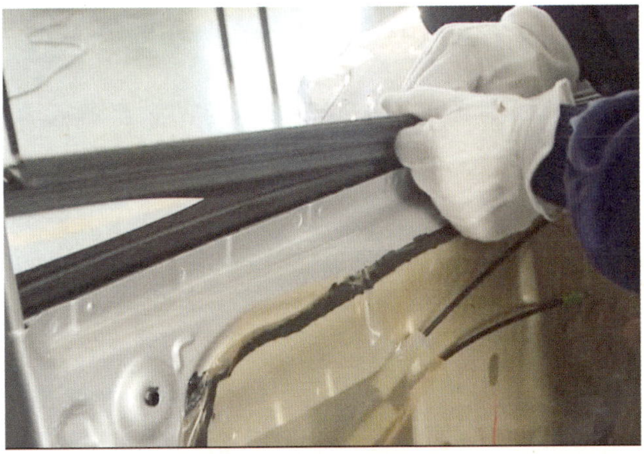

图 2-1-13　拆卸车门玻璃内密封条

2）使用 10mm 套筒和棘轮扳手松开两颗车门装饰板支架固定螺栓，取下车门装饰板支架，如图 2-1-14 所示。

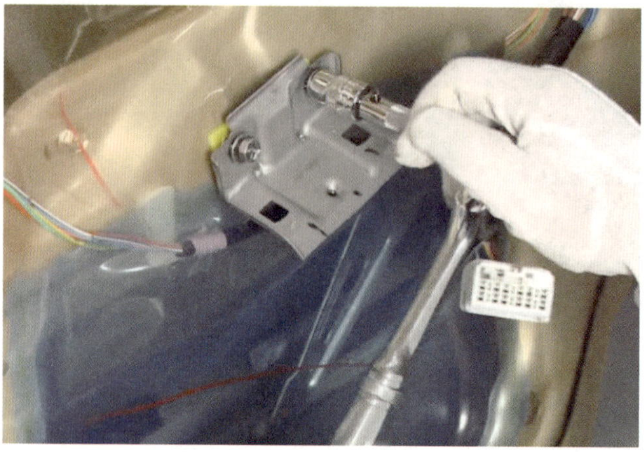

图 2-1-14 拆卸车门装饰板支架

3）拆卸车门检修孔盖，如图 2-1-15 所示。

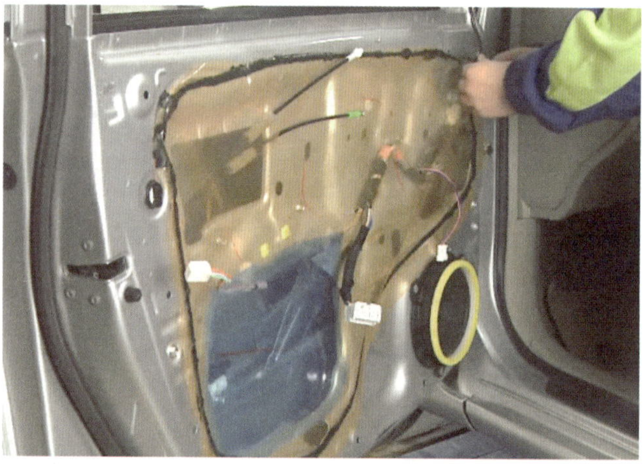

图 2-1-15 拆卸车门检修孔盖

4）使用 10mm 套筒和棘轮扳手拧松并取出两颗车窗玻璃固定螺栓，如图 2-1-16 所示。

注意事项：

在拆卸车窗玻璃固定螺栓时要注意防止车窗玻璃掉落，造成破坏。

5）需要一名维修人员提起车窗玻璃，另一名维修人员脱开车窗玻璃固定支架，如图 2-1-17 所示。

6）沿左上角方向抬起车窗玻璃，至合适角度取出车窗玻璃，如图 2-1-18 所示。

图 2-1-16　拆卸车窗玻璃固定螺栓

图 2-1-17　脱开车窗玻璃固定支架

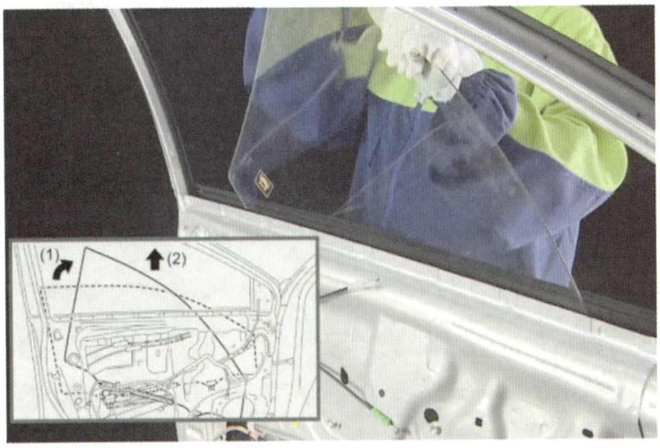

图 2-1-18　拆卸车窗玻璃

注意事项：

在拆卸车窗玻璃时需要两名维修人员配合操作。在取出车窗玻璃时，注意不要与门板或其他物体磕碰，以免造成损坏。

2. 拆卸车窗玻璃升降器

1）断开车窗玻璃升降器线束插接器，如图 2-1-19 所示。

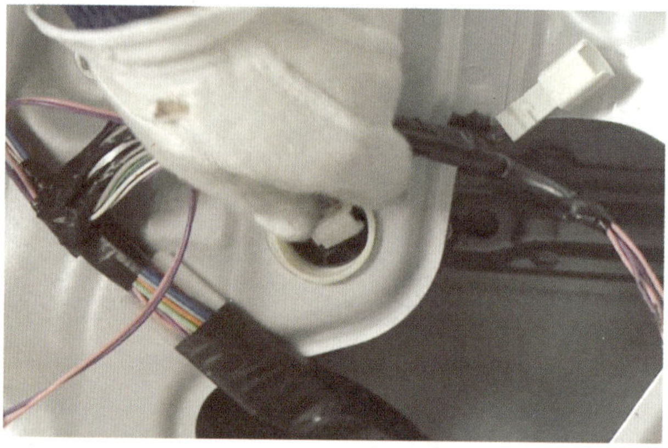

图 2-1-19　断开车窗玻璃升降器线束插接器

2）使用 10mm 套筒和棘轮扳手拆下六颗车窗玻璃升降器固定螺栓，如图 2-1-20 所示。

图 2-1-20　拆下车窗玻璃升降器固定螺栓

3）取出车窗玻璃升降器，如图 2-1-21 所示。

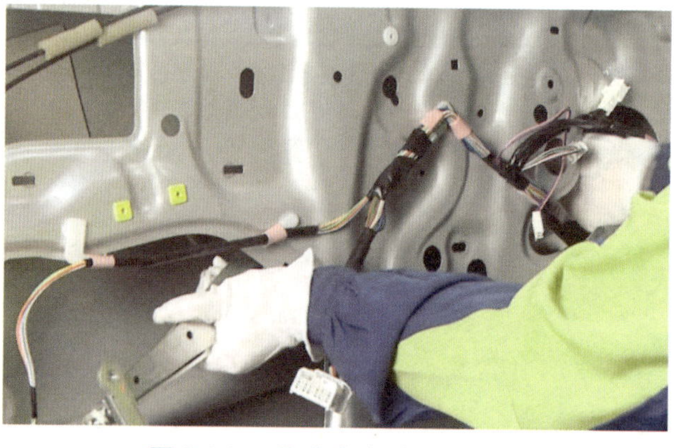

图 2-1-21　取出车窗玻璃升降器

步骤三　拆卸车门

1. 拆卸车门限位器固定螺栓

使用 10mm 套筒和棘轮扳手拆卸车门限位器固定螺栓，如图 2-1-22 所示。

图 2-1-22　拆卸车门限位器固定螺栓

2. 取出车门连接线束

取出车门连接线束，如图 2-1-23 所示。

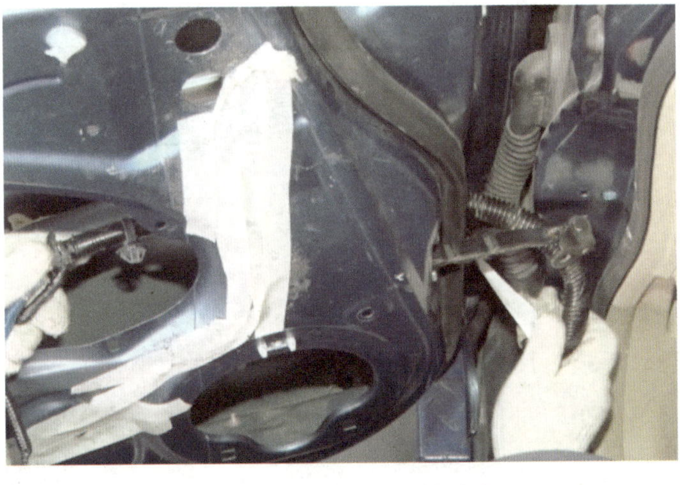

图 2-1-23　取出车门连接线束

3. 拆卸车门

使用 12mm 套筒和棘轮扳手按照顺序拧松并拆下车门固定螺栓，并抬下车门，如图 2-1-24 所示。

注意事项：

此操作需要两名维修人员配合进行。

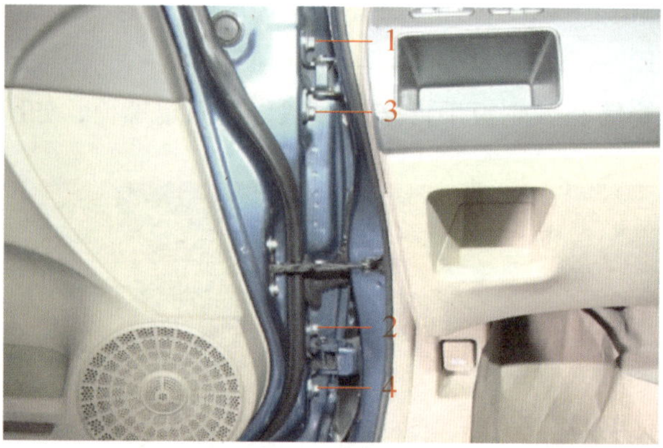

图 2-1-24　拆下车门固定螺栓

步骤四　车门整形

1. 穿戴安全防护护具

正确穿戴安全防护护具，如图 2-1-25 所示。

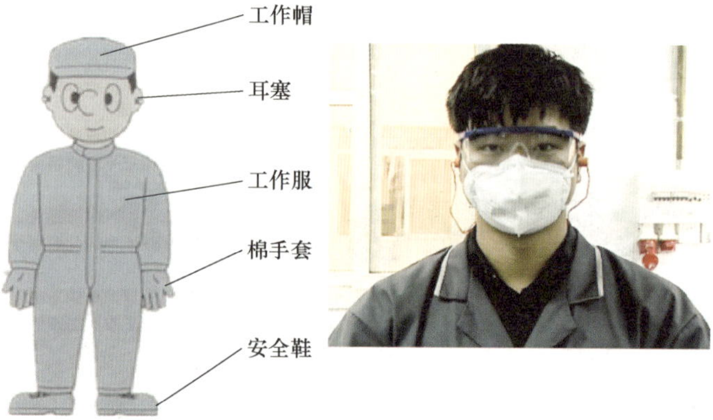

图 2-1-25　穿戴安全防护护具

2. 损伤判定

通过目测、手摸、尺测量，判断损伤情况，判定塑性变形和弹性变形区域，如图 2-1-26 所示。

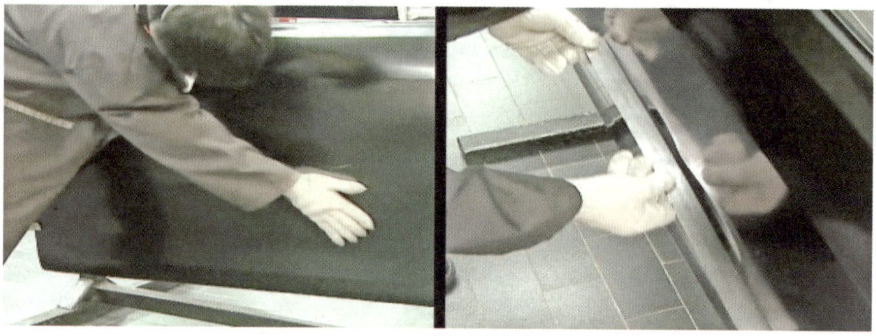

图 2-1-26　损伤判定

3. 校正铝板

（1）用铁锤和垫铁校正铝板　由于铝板的强度比较低，不能使用常规钢板的整形工具。一般使用图 2-1-27 所示的表面是橡胶或木制的锤或垫铁来进行维修，可以防止在校正中对铝板敲击过重产生过度拉伸。用铁锤和垫铁校正铝板的方法与前面介绍过的校正钢板的方法基本相同，但是也有一些不同点。

图 2-1-27　修复铝板用的橡胶锤、木槌和木垫铁

1）采用锤子不在垫铁上的敲击法来校正铝板，如图 2-1-28 所示。由于铝板的可延展性不及钢板，在受到碰撞而变形后，铝板不容易恢复原来的尺寸。因此，采用对铝板的变形较缓和的锤子不在垫铁上的敲击法。为了降低隆起处的高度而用锤子和垫铁敲击时，注意不要加重损坏的程度。

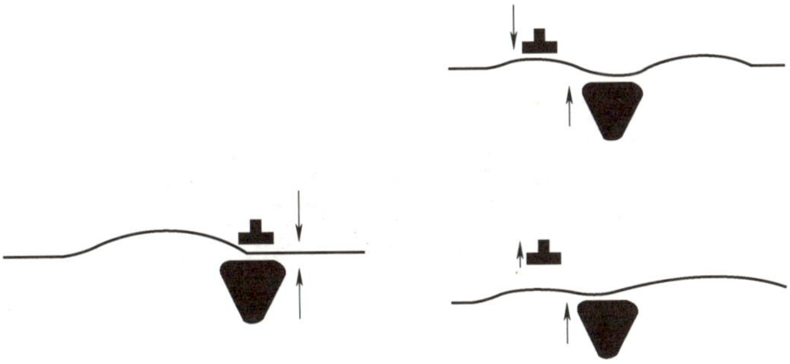

图 2-1-28　铝板的敲击方法

2）采用锤子在垫铁上的敲击法时，如果锤击太重或次数太多都会拉伸铝板，所以这时应该多次轻敲，而不能只是重敲一两次。

3）用于修理钢板的收缩锤不可用于铝板，以免使铝板开裂。钢板和铝板应使用不同的工具来修整。

4）裸露的铝表面上不可涂敷填充剂或油灰。第一次使用前，应先涂上环氧树脂底漆。另外，不能使用铅性填充漆，因为铅会降低铝的耐蚀性。

（2）铝板凹陷的撬起 对于铝板上出现的小范围凹陷，用尖锤或杠杆撬起效果很好。但是不能使凹陷处升高太多，也不能拉伸柔软的铝。

弹性敲击消除应力：可以使用铁锤和修平刀进行弹性敲击，来释放高隆起处的应力。修平刀将敲击产生的力分散到一个较大的范围，使坚硬的折损处弯曲的可能性减小。

（3）用锉修平铝板 由于铝很柔软，应减轻手施加在车身锉上的压力；应使用圆形边缘的车身锉，以免擦伤金属。

（4）铝板的打磨 在铝板上打磨时，要防止高速砂轮机上粗糙的砂轮烧穿柔软的铝，还要注意打磨过程中产生的热量能够使铝板弯曲。可以使用 36 号粒度的涂层砂纸。打磨时要特别注意，只能将油漆和底层涂料去掉，不可切割到金属。打磨 2~3 次后，用一块湿布使金属冷却。对于小范围和薄边的打磨，应使用双向砂轮机或电动抛光机，转速应低于 2500r/min。使用粒度为 80 号或 100 号的砂纸或柔软、能变形的砂轮垫块。

4. 铝板的收缩处理

对铝板进行拉伸或敲击时用力过大很容易形成隆起变形，这时就需要对受到拉伸的板件进行收缩处理，恢复正常的板件高度。收缩时可以用氧乙炔（氧丙烷）、外形修复机电极触头或碳棒进行，如图 2-1-29 所示。收缩处理的程序和钢板收缩程序类似，但是铝板的强度和熔点低，加热温度不能过高，否则会使板件发生更大的变形或熔化，导致修复失败。

图 2-1-29 用铜触头、碳棒或火焰对铝板进行热收缩

对铝板进行钣金处理时，铝板的韧性低，容易在敲击部位形成加工硬化而破裂，要经常加热消除内部的应力。采用热收缩的方法校正铝板时，与校正钢板有重要的区别。校正钢板时，必须尽量避免加热，以免降低钢的强度。校正

铝板时，必须利用加热的方法来恢复加工硬化后降低的可塑性。如果不加热，当校正力施加到铝板上时，会引起开裂。

在开始校正前，先用焊炬对受损坏的铝加热。由于铝在高温下也不会改变颜色，所以往往会过量加热。铝在600℃的温度下便会熔化，因此，对加热温度的控制十分重要。可以使用在110℃时改变颜色的热敏涂料或热敏笔来控制加热的温度，热敏笔如图2-1-30所示。

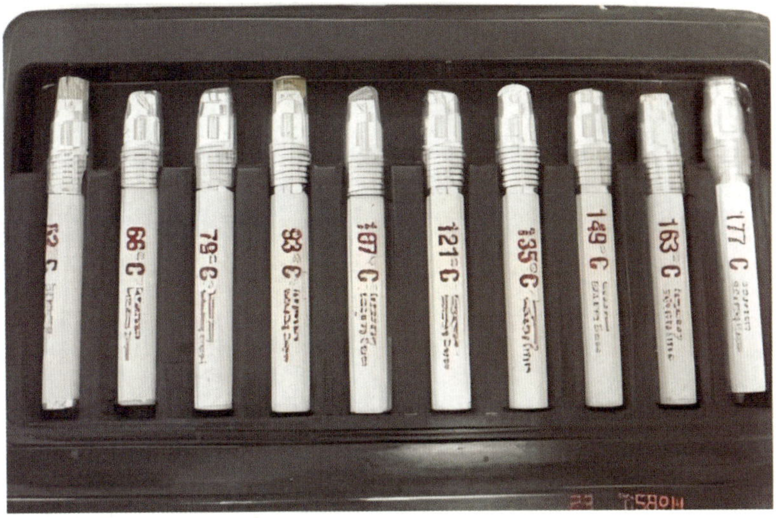

图 2-1-30　热敏笔

铝板加热的方法如下：

1）围绕铝板的加热区用热敏涂料或热敏笔画一个环状的标志，如图2-1-31所示。

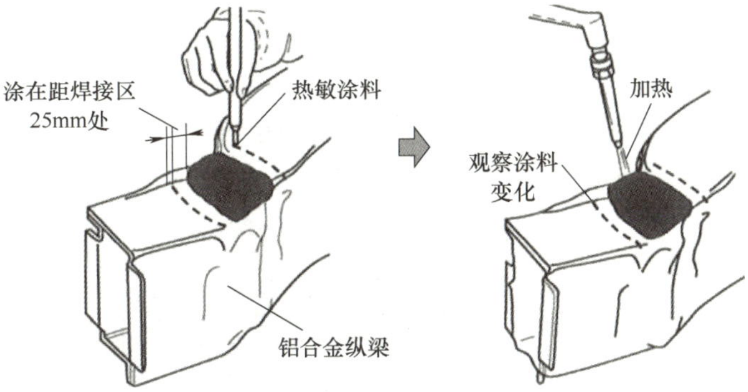

图 2-1-31　使用热敏笔防止温度过高

2）均匀移动火焰，对变形处加热。

3）当用热敏涂料或热敏笔画的标志改变颜色时，停止加热。这时，受热处中心位置的温度为400~425℃，距离铝的熔点还有一定的余量。如果加热温度太高，可能会造成铝板的熔化。另外，对于热收缩部位，应极缓慢地进行冷却，以免过度的收缩造成铝板变形。

注意事项：

铝在熔化时不会改变颜色，要用热敏涂料控制温度，否则会形成图 2-1-32 所示的凹坑而无法修复。

图 2-1-32　加热过度造成的凹坑

5. 用铝外形修复机修复铝板凹陷

对于用锤和垫铁不好操作修复的部位，可以使用铝外形修复机，如图 2-1-33 所示。铝外形修复机与钢板外形修复机修复的工作原理相同，也是在板件上焊接介子，铝板焊接的介子是铝焊钉。然后通过介子对铝板进行拉伸，以达到修复的效果。

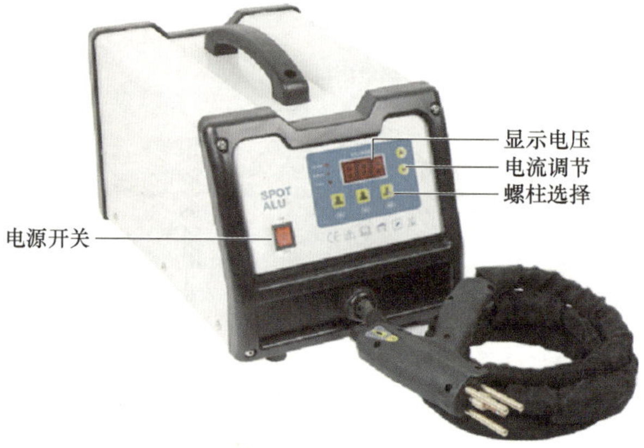

图 2-1-33　铝外形修复机

铝外形修复机和钢板外形修复机的结构不一样，钢板外形修复机内部有线圈变压器，通过线圈变压器变成低电压高电流，然后通过垫圈与板件接触通电，产生电阻热熔化钢铁焊接在一起。铝的电阻是钢板的 1/4～1/5，对铝焊接时的电流是钢铁焊接时的 4～5 倍，很难做到这么大的电流。铝外形修复机内部没有线圈变压器，里面有十几个大容量的电容，通过所有电容瞬间放电来焊接。铝外形修复机专用铝焊钉如图 2-1-34 所示，铝焊钉的头部有一个小尖与板件接触，接触面积小、电阻大，产生电阻热大，容易焊接。如果铝焊钉没有尖头就不能用了，这么大的接触面积正常的焊接电流不能够焊接。所以，铝焊钉是一次性使用的，不能重复再用。

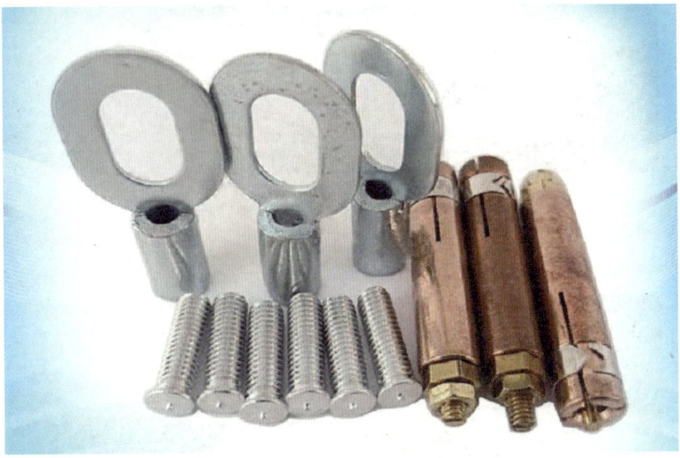

图 2-1-34　铝外形修复机专用铝焊钉

1）如图 2-1-35 所示，把需要焊接修复铝板上的氧化层清除干净，否则焊接不牢固。清洁后应该马上焊接，时间长了表面会重新氧化，超过 2h 需要重新清除氧化层。

图 2-1-35　清除焊接部位的氧化层

2）如图 2-1-36 所示，把焊钉安装在焊枪上，接通铝外形修复机的电源，调整合适的电流大小。

3）把焊钉用一定力压在板件上（不能太大或太小），焊钉要与板件接触面垂直，如图 2-1-37 所示。按压焊枪的起动开关，焊钉通电后会焊接在铝板上，如图 2-1-38 所示。

图 2-1-36　把焊钉安装在焊枪上

图 2-1-37　焊接铝焊钉

图 2-1-38　焊在铝板上的铝焊钉

4）如图 2-1-39 所示，把拉伸连接件拧到焊钉的螺纹上。

图 2-1-39　连接拉伸连接件

5）如图 2-1-40 所示，通过拉伸连接件对板件凹陷处进行拉伸操作。动作要轻柔，力要慢慢加大，防止局部变形过大，在拉伸的同时可以用钣金锤对拉伸部位进行敲击整形。

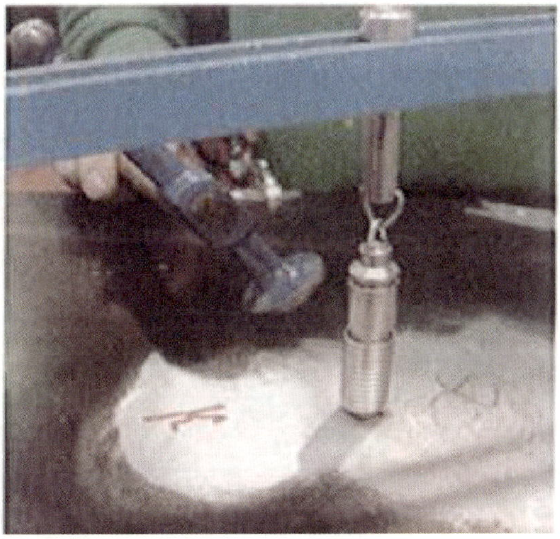

图 2-1-40　对板件凹陷处进行拉伸修整

6）拉伸完毕后，用尖嘴钳清除焊接在表面的焊钉，如图 2-1-41 所示。

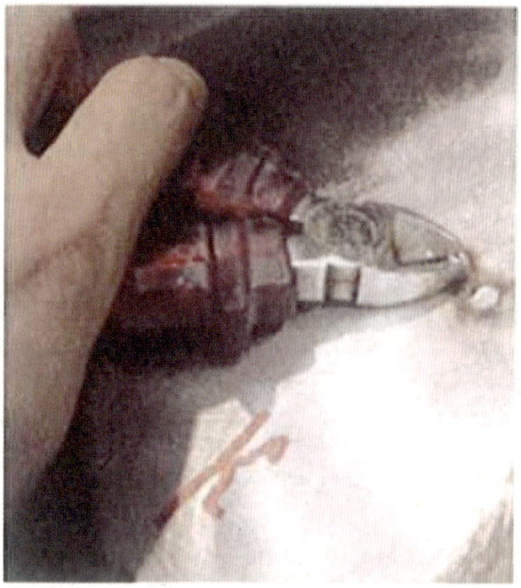

图 2-1-41 清除铝焊钉

7）焊接部位用锉或打磨机打磨平整。铝板处理后不用进行单独的防腐处理，因为铝板会马上形成氧化膜阻止进一步的氧化。

注意事项：

避免铝合金粉尘爆炸。

铝合金在研磨时会产生粉尘，在空气中混合到一定程度后，遇到明火会发生爆炸，所以在进行铝合金操作时要注意做好防爆措施。

步骤五 工作场地 7S 整理

工作场地 7S 整理，如图 2-1-3 所示。

活动四 检查验收

同学们进行操作，由老师对同学们的操作进行考评，按照表 2-1-1 进行评分。

表 2-1-1 铝车身门板损坏的修复考核评分表（100 分）

考核时间	考核项目	配分	评分标准	得分
45min	安全防护	10	未按照要求穿戴防护用品每种扣 2 分	
	操作过程	80	测量结果每错一次扣 5 分，共 20 分	
			车门整形的操作每一次错误扣 5 分，共 20 分	
			校正结果每超出误差范围 1mm 扣 5 分，共 20 分	
			由于操作不当导致的工具或设备损坏扣 1～20 分	
	7S 整理	10	操作完毕后未恢复原位扣 1～10 分	

活动五　交接给喷涂技师

由喷涂技师检查是否符合喷涂要求，如果符合直接喷涂，如果不符合经过再次加工，直至符合喷涂要求为止。

任务二　铝车身后翼子板的切割更换

任务描述

姜先生的车发生了较为严重的碰撞事故，在此次事故中车身的右后部损伤严重，经过鉴定该车身为铝制，在车身结构件中，铝车身的右后翼子板损伤严重需要更换。

任务目标

素养目标	能力目标	知识目标
1）通过自主查阅资料，培养学生自主学习能力与分析能力 2）通过分组学习，培养学生合作能力与解决问题的能力 3）通过规范操作，培养学生爱岗敬业、科学严谨的职业素养	1）能自主查阅相关维修技术资料获取车身校正的信息 2）根据任务要求和实际情况，小组合作，对车辆的损坏进行分析并制订维修方案 3）能按照企业规范正确操作车身校正设备，修复车辆 4）安全正确地操作车身校正设备 5）能对车身板件损坏进行更换维修	1）了解铝车身板件的连接方法 2）熟悉铝板焊接的注意事项 3）掌握拉伸操作方式

活动一　知识准备

1. 铝合金在车身中的应用

随着现代汽车制造技术的飞速发展，汽车制造企业在车身生产中开始逐步使用新材料。在众多采用新材料的车辆中，有些采用了合金钢、高强度钢和超高强度钢作为车身材料，还有些车身局部或整体采用了铝质板材，如图 2-2-1 所示，这些都将给维修工作带来新的难题。目前，在汽车维修行业中普遍存在着一种错误观点：钣金维修技师只要熟练掌握操作技能，便可以对所有车型进行修复整形。这种观点是片面的，想要保质保量地完成事故车辆的修复工作，并非易事。一名合格的钣金维修技师，除了要掌握（如材料学、人机工程学、动力学、热处理工艺等）相关的理论知识外，还要严格按照工艺流程规范操作，同时，对车辆的车身结构、金属板材类型也要有清晰、准确的认识。修复这些采用特殊钢质板材或铝质板材的事故车时，维修技师应在接受过相关培训的基础上，采用正确的修复工艺对车辆进行修复，只有这样才能保证特殊材料车身的修复质量。

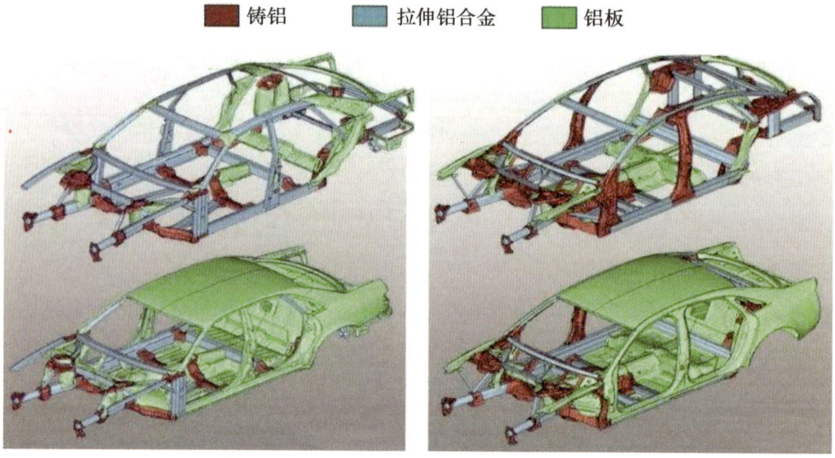

图 2-2-1 铝合金车身应用材料图

铝质板件的厚度通常是钢质板件厚度的 1.5~2 倍，其熔点较低，在加热时极易发生变形。碰撞变形后，受加工硬化的影响很难二次成形，如果强行修复会使损伤部位出现裂纹，甚至发生断裂。所以，当铝材受到一定程度的损伤后，应对受损部件进行分体或总成更换（生产厂家不建议修复）。在进行铝质结构件更换时，连接处一般很少采用钢质车身修复所采用的焊接方法，而是采用粘接或粘接、铆接共用的方法。由于更换铝质板材的费用比较高，所以，维修技师对一些轻微损伤的面板会采取某些方法进行修复。不过，修复工作应在充分了解铝材特性的基础上，小心谨慎地进行。

2. 铝板的焊接

铝质板材的焊接合金铝在通常情况下是可以使用惰性气体焊接的。但是，由于在焊接过程中的退火作用，焊接处的强度损失较大。修复后，车辆自身振动和行驶的颠簸会造成焊接处产生裂纹。所以，铝质车身修复中一般很少采用焊接的方式（少数生产厂家也允许采用焊接方法），而通常是采用粘接或粘接、铆接共用的方式。但尽管如此，焊接在铝质车身修复中也并不是可有可无的。在进行结构件更换时，通常需要在结构件之间使用焊接的方法，以增强车辆的整体性和导电性。在焊接时要注意以下几点，以确保最终维修质量，在进行铝焊接时，除按操作规范做好车身的防护工作外，还应注意金属镁或铝镁合金是不能焊接的。因为该金属易燃烧，一旦发生燃烧，灭火器无法将其扑灭，而只能使用一种特制的化学制剂。所以在进行铝车身钣金修复前，应查看相关资料，以确认板材的成分，并严格按照厂家的要求进行修复操作，不该焊接的部位绝不能进行焊接。焊接前应使用石蜡或油脂清除剂对焊接部位进行清洁。对表面有涂层的部位，应使用装有 80 号砂轮的砂轮机磨去周围的涂层，使金属表面裸露出来，从而保证焊接质量。

进行钢质车身焊接时，电压和送丝速度调整到正确值，焊接部位会发出平稳清脆的“吱吱”声，而铝材焊接时会发出平稳沉闷的“嗡嗡”声。

在进行铝质板材焊接时，应使用铝焊丝和 100%氩气，相对于焊接钢质车身，气体流量应增加 50%；焊枪与焊接部位应接近垂直，并且采用正向焊接法（左焊法），不能在铝板上进行逆向焊接（向前推焊接），以免熔池过热造成塌陷或击穿；进行立焊时，应从下面开始向上焊接。铝质车身板件受到撞击无法恢复时，应采取局部或整体更换的方法进行修复。特别是铝质板材因为硬化，损伤部位出现裂纹或断裂现象时就应该使用此方法。铝质板件的更换是铝质车身修复时较为常用的一种方法。缝焊、塞焊的位置如图 2-2-2 所示。

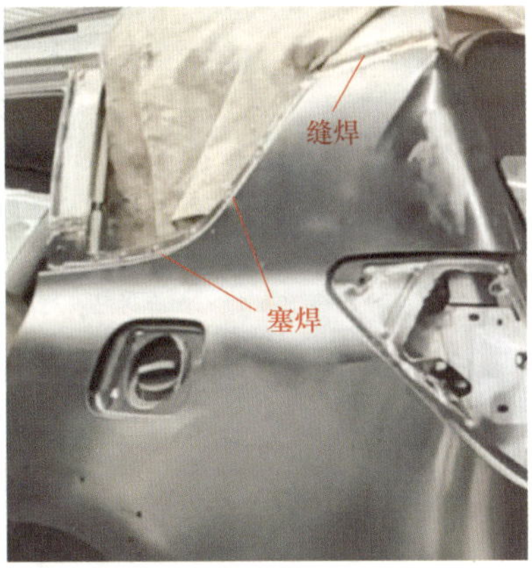

图 2-2-2　缝焊、塞焊的位置

活动二　施工前准备

1. 工具准备

（1）工具、设备　超声波电子测量系统（图 2-2-3）、车身校正仪（图 2-2-4）、拉伸工具、锤子、气动锯、冲压铆钉钳及冲头、铝焊机等。

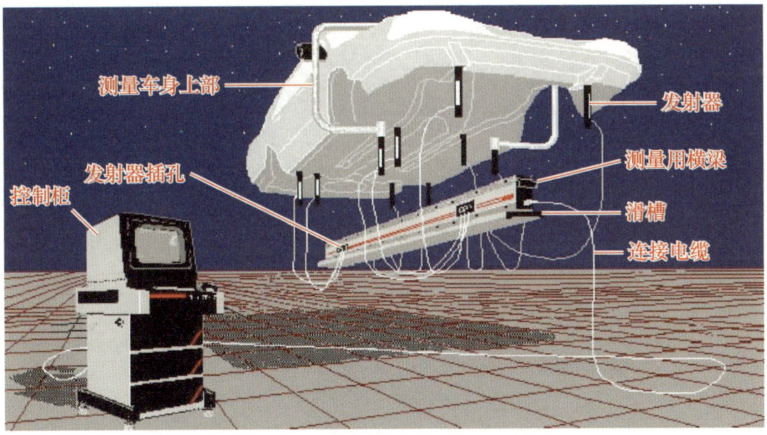

图 2-2-3　超声波电子测量系统

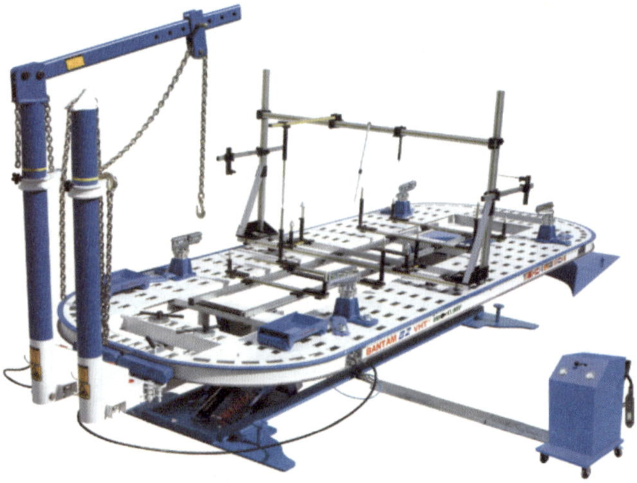

图 2-2-4　车身校正仪

（2）防护用品　安全帽、护目镜、工作服、安全鞋（图 2-2-5）、棉线手套、焊接手套、焊接防护面罩、耳塞、焊接用呼吸器等。

图 2-2-5　绝缘防砸安全鞋

（3）实训器材　故障车一台，如图 2-2-6 所示。

图 2-2-6　维修车辆

2. 场地准备

施工场地干净整洁，无杂物，设备工具摆放整齐，如图 2-1-3 所示。

3. 人员准备

穿戴整洁，做好防护。作业开始前，维修人员需穿戴好所有的安全防护用品，防止操作中设备出现问题而伤害身体，如图 2-1-4 所示。

活动三　施工

1. 受损部位检查

1）找到碰撞点。

2）沿着碰撞力传递路线逐一检查变形位置。

3）根据维修手册确定可修复构件，更换构件。

图 2-2-7 所示为一个破损的铝车身后翼子板，需要进行更换。

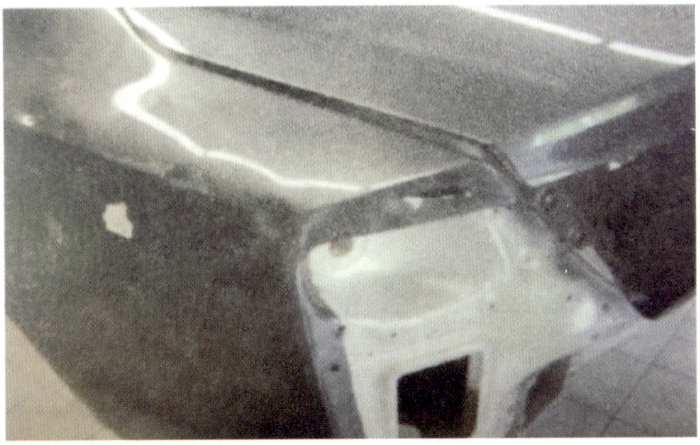

图 2-2-7　损伤严重的后翼子板需要更换

2. 操作步骤

1）查询维修手册，按照手册的要求拆除相关的车身附件，如后保险杠、尾灯、后风窗玻璃、后立柱内饰板等，确定切割位置如图 2-2-8 所示。

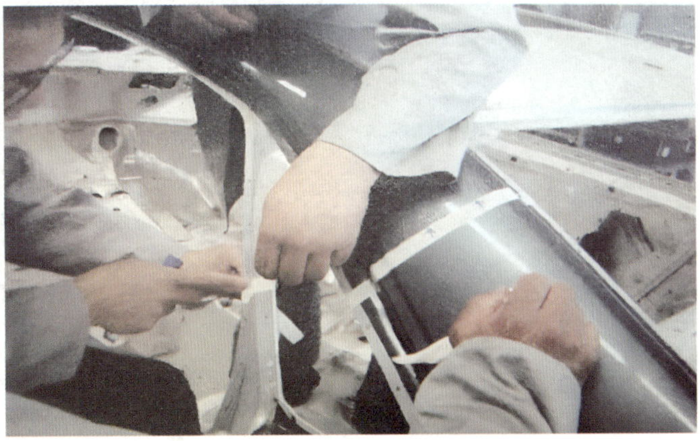

图 2-2-8　确定切割位置

2）窗框和门框位置的板件是使用铆钉连接的，要用铆钉钳压出铆钉，根据铆钉的尺寸，选择合适的冲头，安装液压铆钉钳及冲头。

3）使用铆钉钳压除三角窗处铝铆钉，如图 2-2-9 所示。

图 2-2-9　压除三角窗位置铝铆钉

4）使用铆钉钳压除门框处铝铆钉，如图 2-2-10 所示。

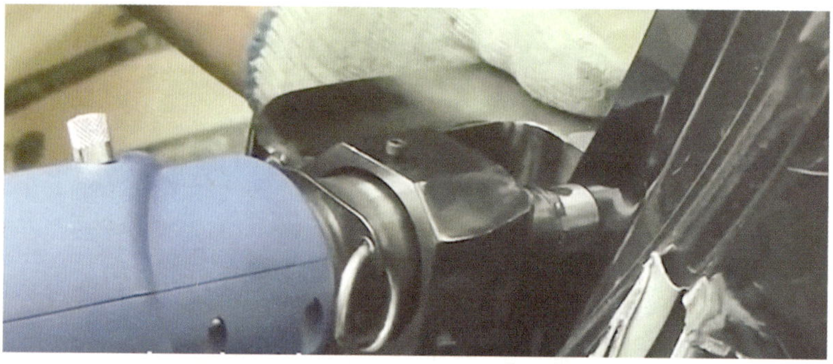

图 2-2-10　压除门框位置铝铆钉

5）使用铆钉钳压除下裙边处铝铆钉，如图 2-2-11 所示。

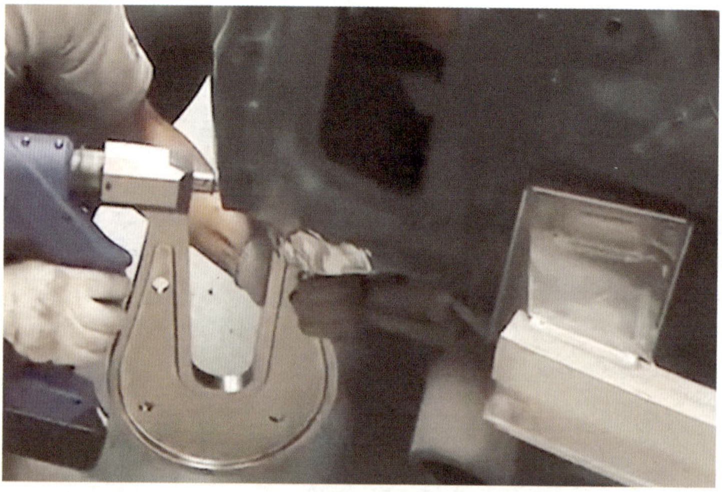

图 2-2-11　压除下裙边位置铝铆钉

6）车身后围板处的铆钉不能用铆钉钳进行压除，要焊接焊钉进行拉拔。安装螺柱焊枪和拉拔焊钉，如图 2-2-12 所示。

图 2-2-12　焊钉安装在螺柱焊枪上

7）打磨尾板处后部铆钉，如图 2-2-13 所示，去除铆钉上的杂质，以便焊接牢固。

图 2-2-13　打磨清洁铆钉头部

8）在铆钉上焊接拉拔焊钉，如图 2-2-14 所示。

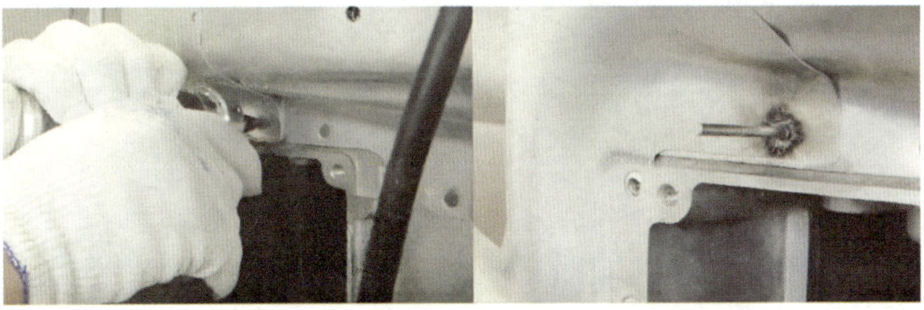

图 2-2-14　在铆钉上焊接拉拔焊钉

9）使用气动铆钉枪拔出铆钉，如图 2-2-15 所示。

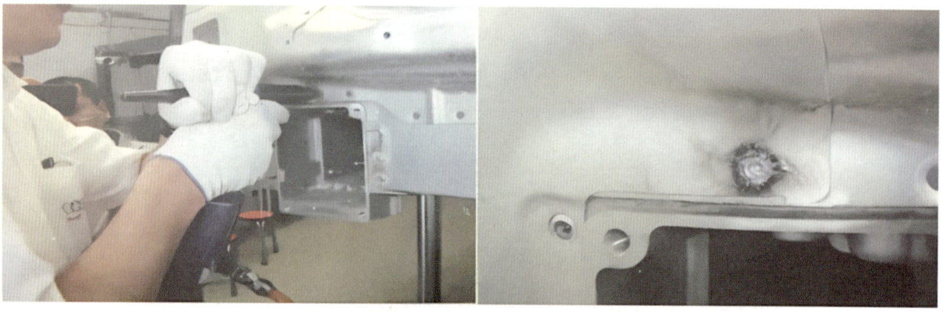

图 2-2-15　使用气动铆钉枪拔出铆钉

10）使用砂轮机切除下裙边处焊点，如图 2-2-16 所示。

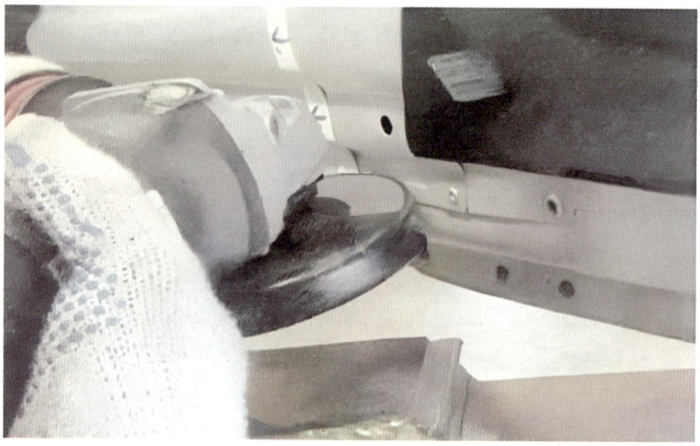

图 2-2-16　切除下裙边位置焊点

11）打磨后轮眉褶边处，磨穿褶边，分离板件，如图 2-2-17 所示。

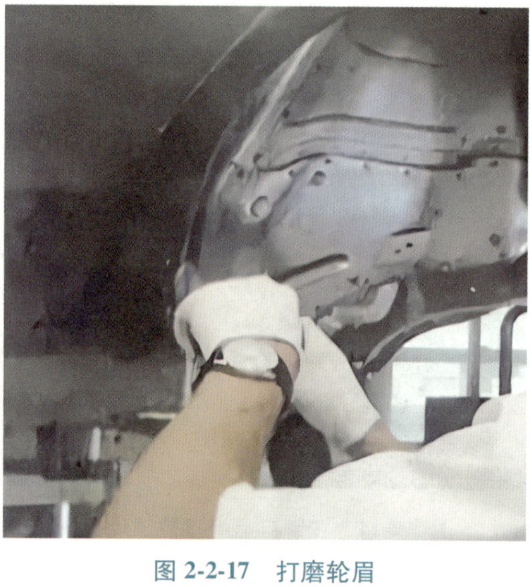

图 2-2-17　打磨轮眉

12）标记后立柱部位的板件切割位置，如图 2-2-18 所示，使用气动锯进行切割分离。

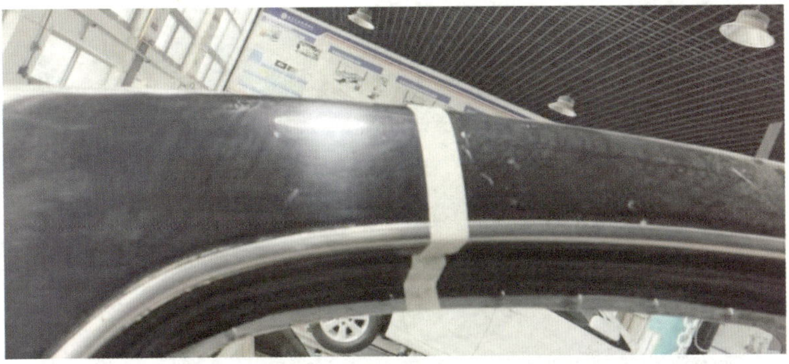

图 2-2-18　标记切割位置

13）把所有的连接位置分离后，拆下破损的后翼子板。

14）更换冲头，压平在分离铆钉时铆钉孔部位板件的变形，如图 2-2-19 所示。

图 2-2-19　修平铆钉孔位置

15）使用打磨机磨除残留黏结剂。

16）使用铝合金锤子和垫铁修整轮眉内板，修复分离板件时造成的板件变形，如图 2-2-20 所示。

17）新更换的后翼子板安装在车身上，如图 2-2-21 所示。

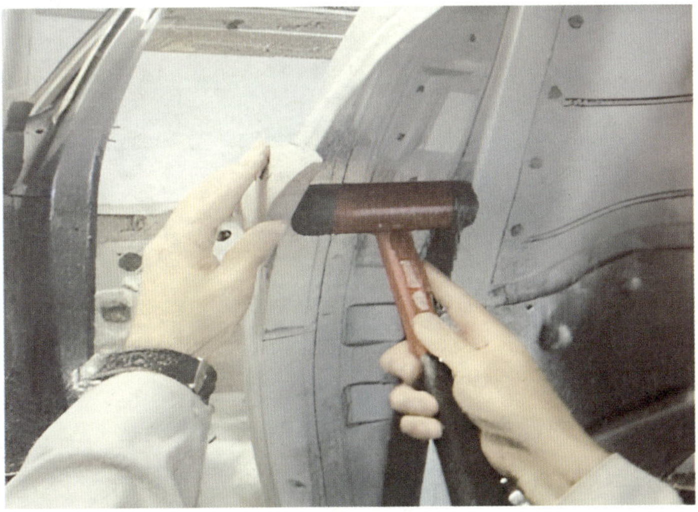

图 2-2-20　修平板件

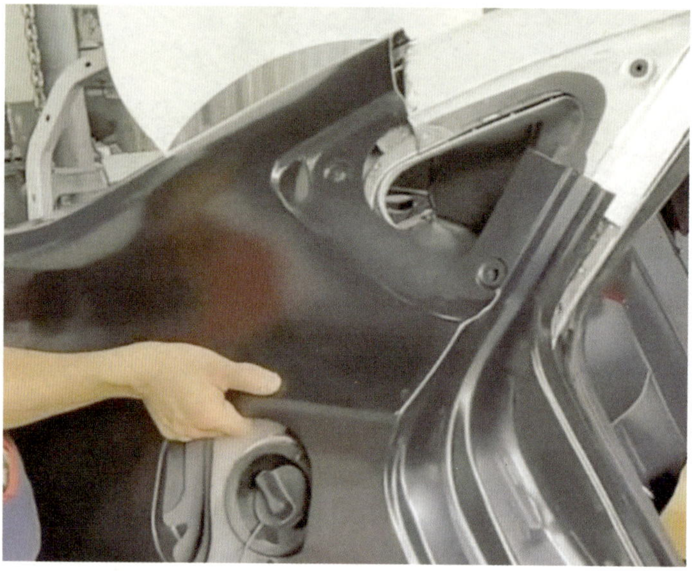

图 2-2-21 安装后翼子板

18）调整车门与后翼子板、后围板等部件的配合间隙，如图 2-2-22 所示。

图 2-2-22 调整后翼子板

19）依据新件尺寸切割焊缝，如图 2-2-23 所示。

20）制作 4cm 宽内部加强件，如图 2-2-24 所示。

21）安装后立柱、门槛内部加强件，打磨后立柱焊接区，如图 2-2-25 所示。

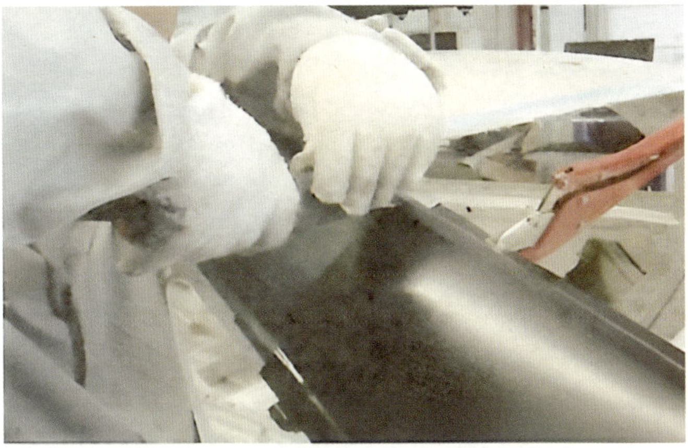

图 2-2-23 依据新板件尺寸切割焊缝

图 2-2-24 制作加强件

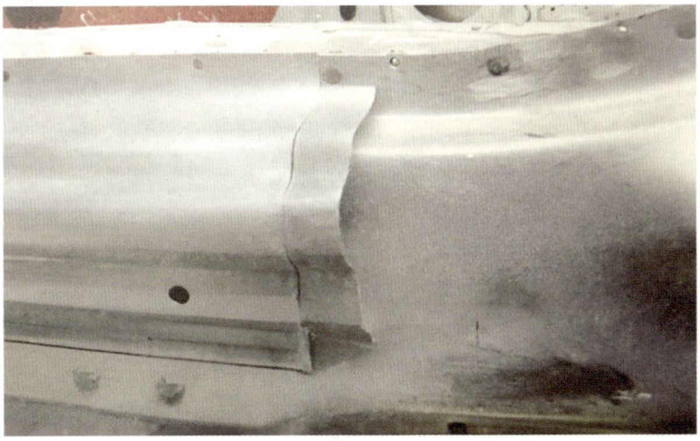

图 2-2-25 加强件插入连接位置

22）后立柱和门槛加强件用气体保护焊进行定位焊，如图 2-2-26 所示。

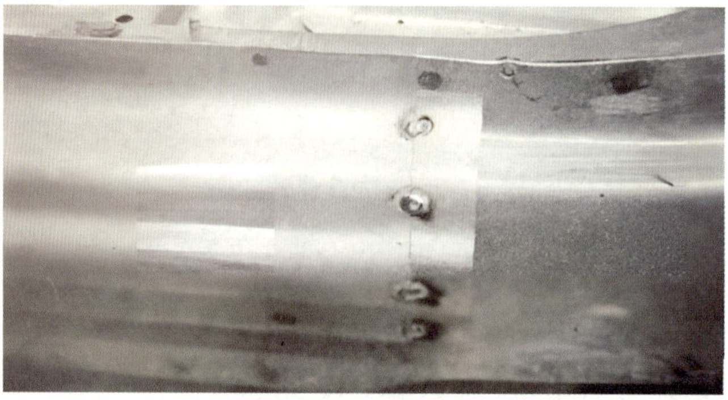

图 2-2-26　加强件定位焊

23）定位焊点打磨与板件高度相平，不能妨碍新板件的安装，如图 2-2-27 所示。

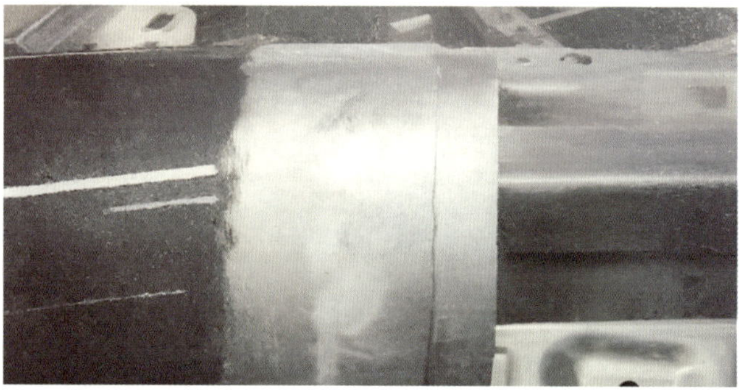

图 2-2-27　加强件定位焊点磨平

24）打磨新板件焊接区，去除油漆、氧化层等杂质，如图 2-2-28 所示。

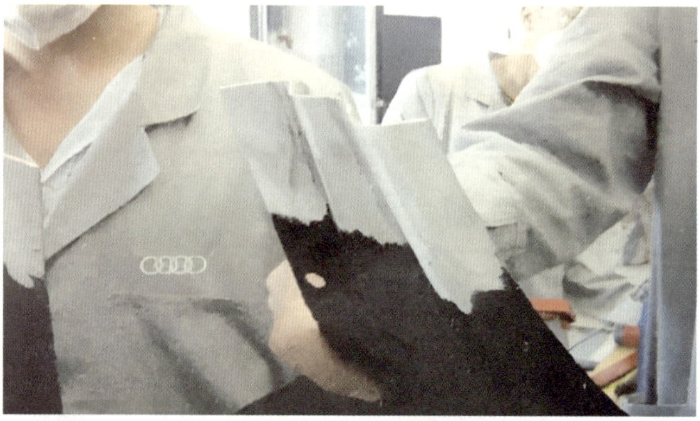

图 2-2-28　清洁新板件

25）安装新板件，检查焊接区是否平顺，如图 2-2-29 所示。

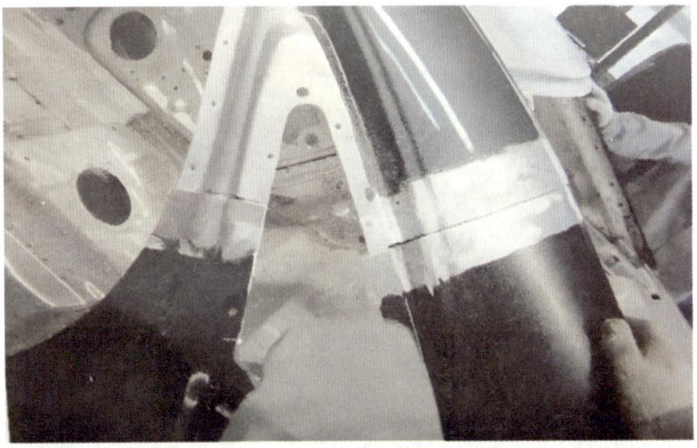

图 2-2-29　安装调整新板件

26）检查调整后翼子板与后门、后围板等部件的配合间隙是否符合要求，如图 2-2-30 所示。

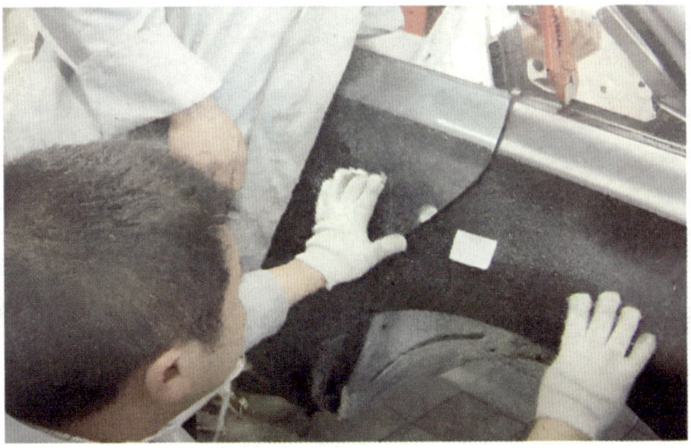

图 2-2-30　调整新板件与车身缝隙

27）钻定位孔，固定后翼子板，如图 2-2-31 所示。

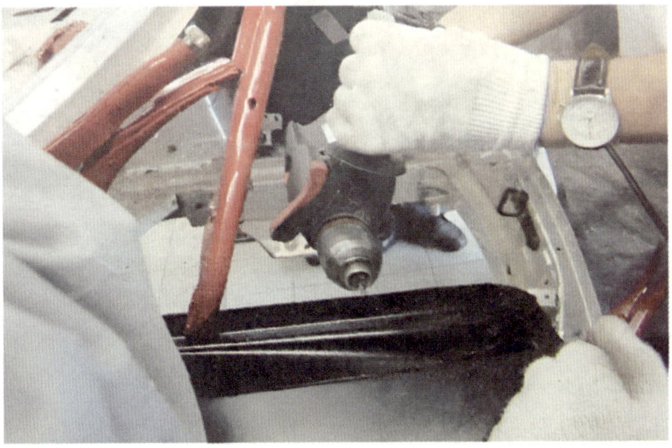

图 2-2-31　定位后翼子板

28）用专用清洁剂喷涂在待涂胶的接合面，如图 2-2-32 所示。

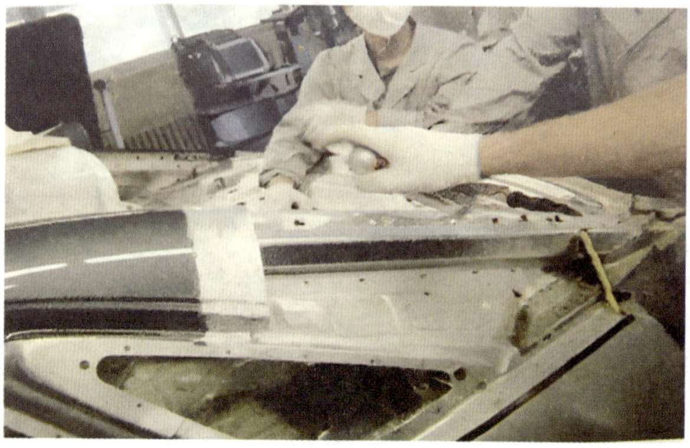

图 2-2-32　清洁接合面

29）用擦拭纸进行清洁，沿着一个方向进行擦拭，如图 2-2-33 所示。

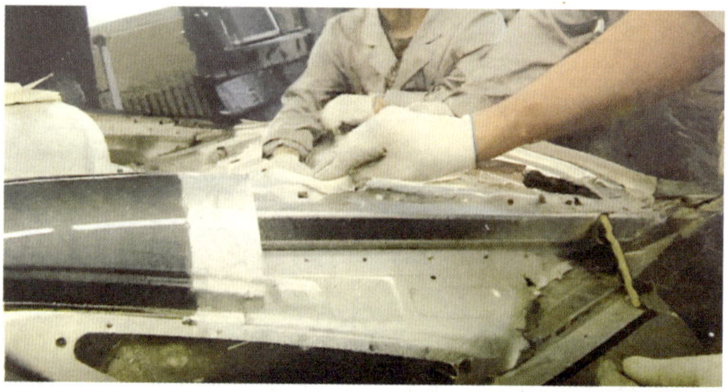

图 2-2-33　擦拭接合面

30）用硅石涂擦待涂胶表面，钝化处理，10min 后用软毛刷扫除多余粉末，如图 2-2-34 所示。

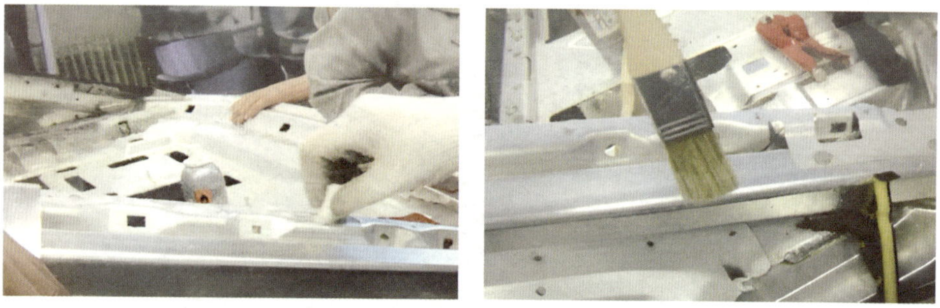

图 2-2-34　钝化处理接合面

31）在待涂胶处涂刷专用铝底漆，如图 2-2-35 所示。

32）新板件更换时要使用结构胶，一般是双组分黏结，在使用时胶管前端的胶混合均匀，如图 2-2-36 所示。

图 2-2-35　涂刷底漆接合面

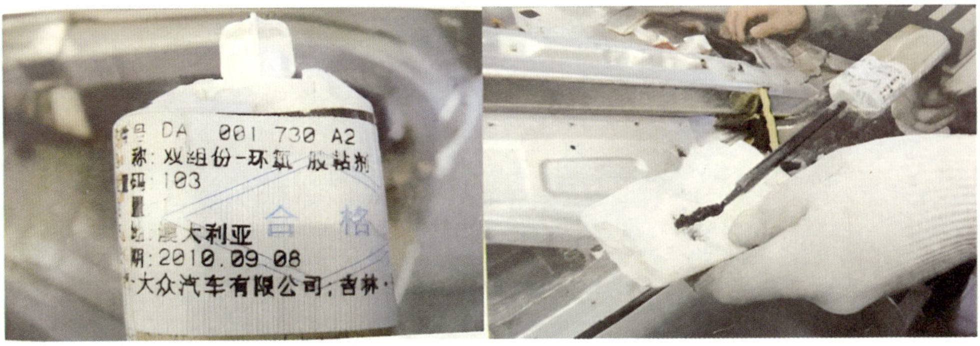

图 2-2-36　使用结构胶前处理工作

33）在接近对接位置焊缝 2cm 处不能涂胶，防止焊接热量破坏黏结剂，如图 2-2-37 所示。

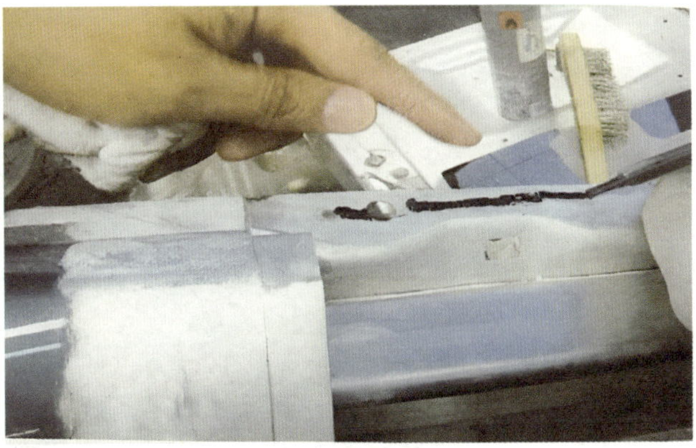

图 2-2-37　结构胶涂抹位置要求

34）涂胶在接合面的中间位置，胶的直径要求 3mm，如图 2-2-38 所示。

35）隔声件周围打上发泡胶，恢复车辆的静音设计要求，如图 2-2-39 所示。

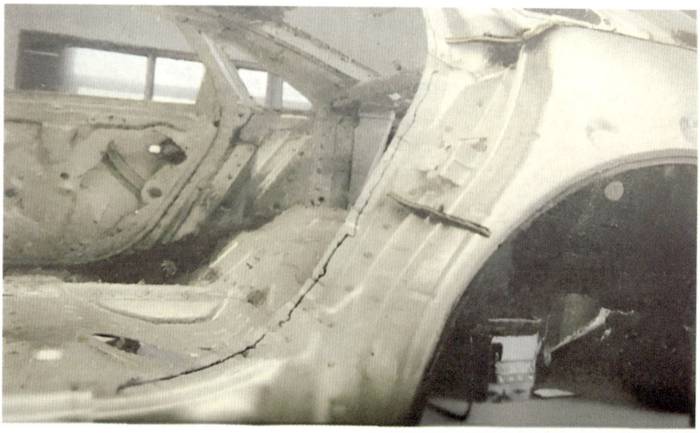

图 2-2-38　涂抹结构胶

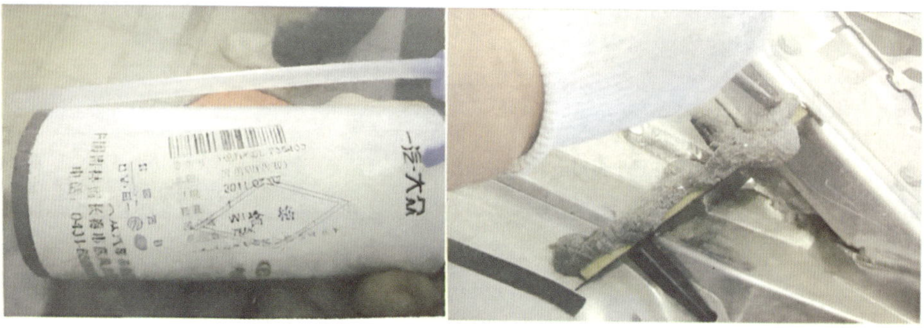

图 2-2-39　打发泡胶进行静音处理

36）把涂好胶的后翼子板安装在车身上，如图 2-2-40 所示。

图 2-2-40　安装后翼子板

37）调整好与后门和后围板等部件的缝隙，使用大力钳进行固定定位，如图 2-2-41 所示。

38）紧固后翼子板定位螺栓，进行定位。

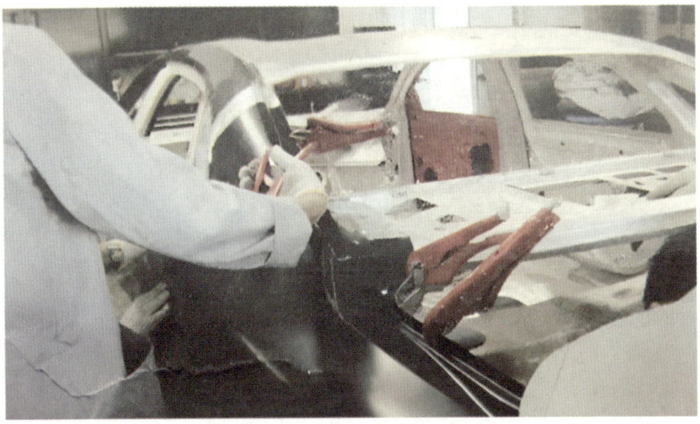

图 2-2-41　调整固定后翼子板

39）确保定位正确后，使用液压铆钉钳对铆接位置进行铆接，如图 2-2-42 所示。

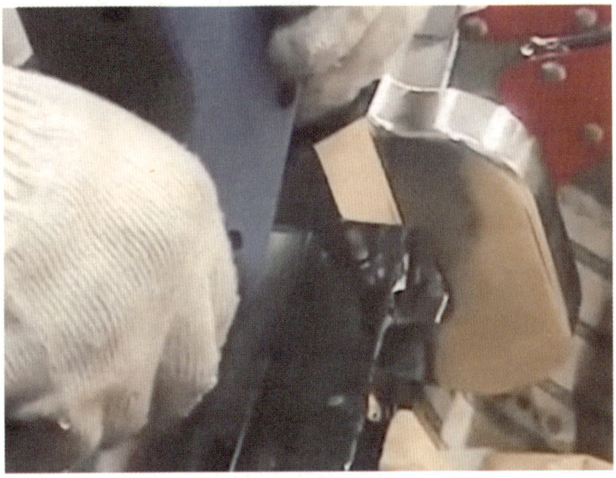

图 2-2-42　后翼子板铆接连接

40）铆接行李舱挡水沿裙边位置的铆钉，如图 2-2-43 所示。

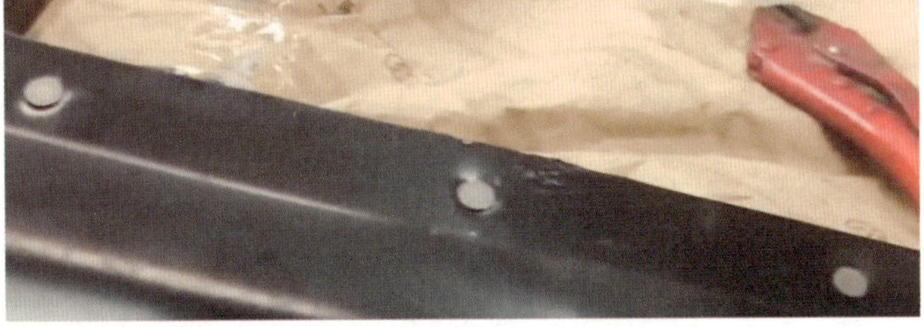

图 2-2-43　铆接行李舱位置的铆钉

41）铆接翼子板下部的铆钉，如图 2-2-44 所示。

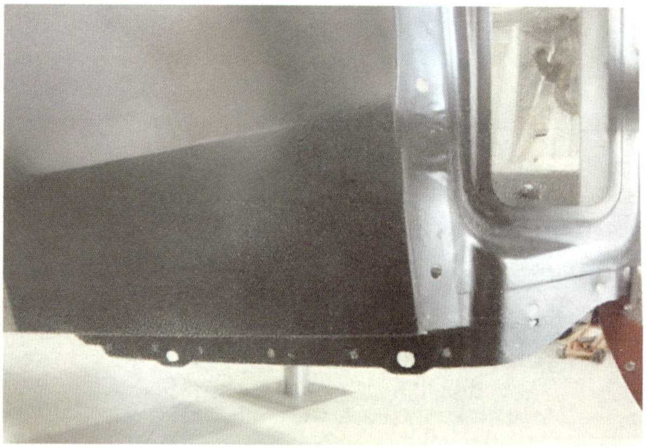

图 2-2-44 铆接翼子板下部的铆钉

42）后立柱对接焊焊缝处调整平顺，如图 2-2-45 所示。

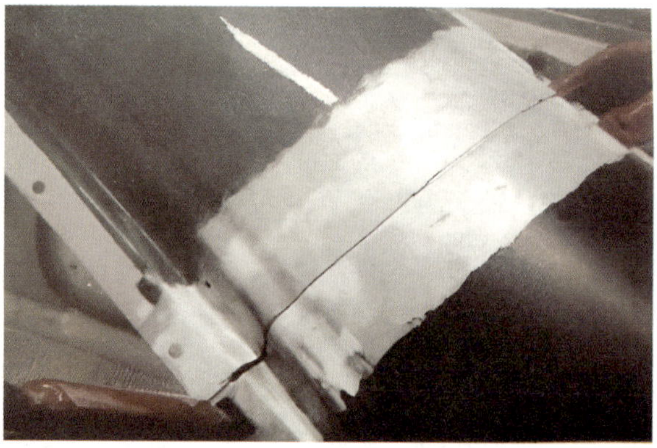

图 2-2-45 调整对接焊焊缝

43）调整好气体保护焊焊接参数，进行试焊。在对接位置进行定位焊，焊点分布要均匀，如图 2-2-46 所示。

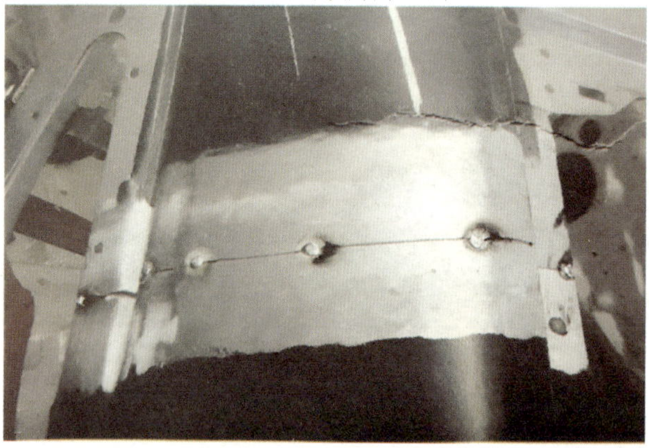

图 2-2-46 定位焊

44）使用不锈钢钢丝刷打磨定位焊点，去除氧化层，如图 2-2-47 所示。

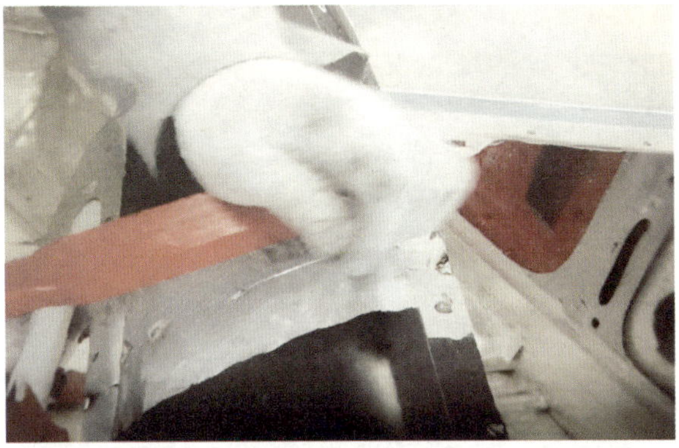

图 2-2-47　打磨定位焊点

45）使用分段连续焊把整条焊缝连接起来。

46）打磨焊缝与板件平顺。

47）在焊接位置要刮涂铝粉原子灰（腻子），安装维修要求把铝粉和固化剂进行正确配比。

48）在后立柱和门槛对接焊位置刮涂调配好的铝粉原子灰，如图 2-2-48 所示。

图 2-2-48　焊接处涂抹铝粉原子灰

49）在原子灰周边位置贴上温控指示条，如图 2-2-49 所示，电吹风烘干加热到 120℃。当变色指示到相应温度时要停止，防止过热。

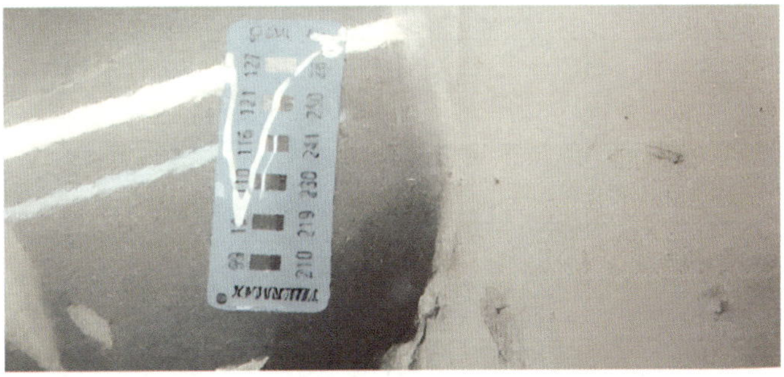

图 2-2-49　加热固化铝粉原子灰

50）使用车身锉打磨铝粉原子灰，直到修复位置平顺，更换工作完成，如图 2-2-50 所示。

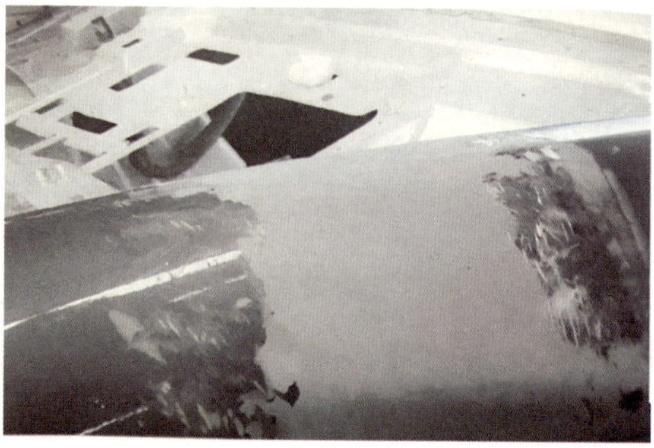

图 2-2-50 打磨铝粉原子灰

活动四 检查验收

同学们进行操作，由老师对同学们的操作进行考评，按照表 2-2-1 和表 2-2-2 进行评分。

表 2-2-1 铝车身后翼子板切割考核评分表（100 分）

考核时间	考核项目	配分	评分标准	得分
45min	安全防护	10	未按照要求穿戴防护用品，每项扣 2 分	
	操作过程	80	切割位置每错一次扣 5 分，共 20 分	
			切割操作每一次错误扣 5 分，共 20 分	
			每超出误差范围 1mm 扣 5 分，共 20 分	
			由于操作不当导致的工具或设备损坏扣 1～20 分	
	7S 整理	10	操作完毕后未恢复原位扣 1～10 分	

表 2-2-2 铝车身后翼子板更换考核评分表（100 分）

考核时间	考核项目	配分	评分标准	得分
45min	安全防护	10	未按照要求穿戴防护用品，每项扣 2 分	
	操作过程	80	安装定位尺寸每错一处扣 5 分，共 20 分	
			焊疤未跳焊，每次扣 5 分，共 20 分	
			焊疤两侧出现阶差，每处扣 5 分，共 15 分 焊疤出现气孔，每个扣 1 分，共 5 分	
			由于操作不当导致的工具或设备损坏扣 1～20 分	
	7S 整理	10	操作完毕后未恢复原位扣 1～10 分	

活动五　交接给喷涂技师

由喷涂技师检查是否符合喷涂要求，如果符合直接喷涂，如果不符合经过再次加工，直至符合喷涂要求为止。

任务三　铝车身前部纵梁的拉伸校正与更换

任务描述

赵先生的车发生了较为严重的碰撞事故，在此次事故中车身的前部损伤严重，经过鉴定，该车身为铝制，在车身结构件中，铝车身的左前纵梁发生了轻微变形需要校正，铝车身的右前纵梁损伤严重需要更换。

任务目标

素养目标	能力目标	知识目标
1）通过自主查阅资料，培养学生自主学习能力与分析能力 2）通过分组学习，培养学生合作能力与解决问题的能力 3）通过规范操作，培养学生爱岗敬业、科学严谨的职业素养	1）能自主查阅相关维修技术资料获取车身校正的信息 2）根据任务要求和实际情况，小组合作，对车辆的损坏进行分析并制订维修方案 3）能按照企业规范正确操作车身校正设备，修复车辆	1）了解铝车身板件的连接方法 2）了解铝板焊接的注意事项 3）熟悉拉伸操作方式 4）掌握车身校正设备操作流程 5）熟悉车身前部纵梁损坏的维修步骤

活动一　知识准备

1. 铝车身的应用

据国际研究机构试验表明，如果汽车整车重量降低 10%，燃油效率可提高 6%~8%；汽车整备质量每减小 100kg，百公里油耗可降低 0.3~0.6L，因此汽车轻量化成为大势所趋。以铝代替传统的钢铁造汽车，整车可减重 30%~40%；用铝制造的发动机，可减重 30%；铝制散热器比相同的铜制品轻 20%~40%；轿车铝车身比原钢材制品轻 40%以上。显然，用铝材代替钢铁造汽车，减重效果显著。与传统车身相比，全铝车身结构更加轻巧和坚固，方便进行模块化设计，车身有更大的空间来配置复杂科技，产品更加多样化。如奥迪 A8（车身结构材料如图 2-3-1 所示）、蔚来 ES8、通用凯迪拉克等就采用了铝车身结构。

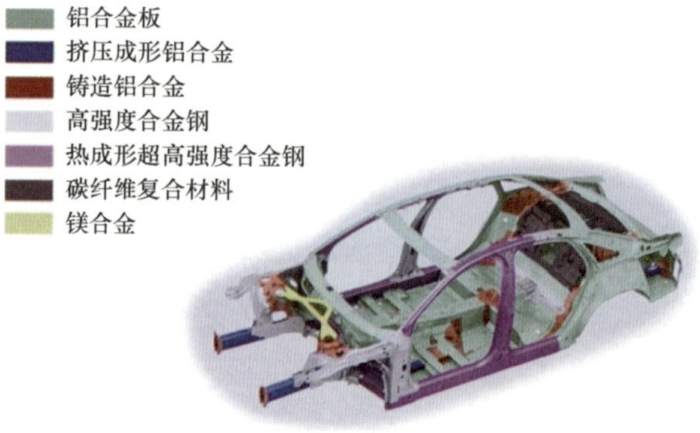

图 2-3-1 奥迪 A8 车身结构材料图

2. 铝板的特殊性能

（1）铝具有强氧化能力 铝在空气中极易与氧结合生成致密坚实的三氧化二铝薄膜，在焊接过程中，三氧化二铝薄膜的熔点高达 2050℃，远远超过了铝合金的熔点，并会阻碍金属之间的良好结合，并易造成夹渣和气孔等焊接缺陷。为了保证焊接质量，铝外层的三氧化二铝层在焊接操作时必须要去除，并且防止在焊接过程中再次氧化。

（2）铝具有较高的导热系数和比热容 铝的这两个参数都很大，比钢大 1 倍多，在焊接过程中大量的热能被迅速传导到基体金属内部，因此焊接铝合金比焊接钢要消耗更多的热量，为获得高质量的焊接接头，必须采用能量集中、功率更大的热源。

（3）铝的热裂纹倾向性大 铝合金的热膨胀系数约为钢的 2 倍，凝固时体积收缩率达 6.5%，因此在焊接某些铝合金时，往往由于过大的内应力而在脆性温度区间产生热裂纹。要避免外部缺陷或变形，焊接时要注意加热和避免冷却的速度过快，在焊接较厚或大的件时，要对板件进行预热和控制冷却，焊接后在板件上覆盖一层防火毯，使冷却速度降低。在有些时候，铝合金焊缝的应力很大，会变脆，为防止这种情况，需要用锤对焊缝进行锤击，以消除内应力增加焊缝的强度。焊接完成后，焊缝质量需要使用专业手段进行检验（通常使用显影剂检查裂纹）。

（4）容易产生气孔 母材表面氧化膜吸附的水分都是焊缝气体中氢的主要来源，因此焊接前必须严格清理，并且合理选择焊接工艺防止气孔的产生。

（5）无色泽变化 铝在加热时颜色不会发生变化，加热时要使用温度指示，以防止铝材受到过高的温度产生变形，为防止变形，必须要避免过热，在焊接长焊缝时，应采用分段焊接防止过热。在车身中铝合金的焊接，一般情况下在修理中用惰性气体保护焊设备来焊接。由于铝板的导热性好，它最适合采用惰性气体保护焊接，用这种方法更容易进行高质量的焊接。在焊接之前要清除焊接区域的氧化层，因为氧化层的存在会导致焊缝夹渣和裂纹。

3. 连接工艺

铝车身的连接工艺分为铝激光钎焊、铝电阻点焊、自攻螺接（FDS）和自冲铆接（SPR）。

（1）铝激光钎焊 铝激光钎焊（Aluminum Laser Brazing）（图 2-3-2）是以激光为介质，加热熔化钎料并填充铝质母材间隙的一种连接工艺，运用于车顶、后盖外板焊接。结构强度高于普通焊接 20%，焊缝表面平滑致密，并且生产效率高，约为一般连接工艺的 300%。

图 2-3-2　铝激光钎焊截面图

铝合金钎焊一般用于覆盖件，例如顶盖与侧围的连接、行李舱盖的连接，焊缝美观无须打磨，可直接涂装作业，如图 2-3-3 所示。

图 2-3-3　铝激光钎焊实拍图

（2）铝电阻点焊 铝电阻点焊（Aluminum ResistanceSpot Weld）这项技术依靠电极压力下的电阻热量熔化铝材，并使其相互连接，是目前全球较为先进的铝材焊接技术。技术研发至今已经成熟，而随着凯迪拉克 CT6 正式下线投产，这项技术也是全球首次在 CT6 车型上应用，如图 2-3-4 所示。

铝电阻点焊的焊头采用了多环形圆顶电极，这种电极表面有多圈凸出的圆环，在焊接铝板时能够刺破铝合金表面的氧化层，让铝板可靠连接。但是为了保证电阻点焊的质量，每焊接 30~40 个焊点就需要对焊头进行自动修磨，确保多环形圆顶电极的造型和表面粗糙度。

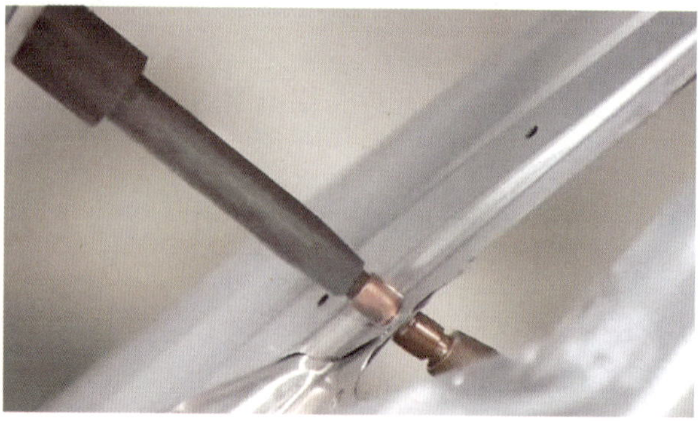

图 2-3-4 铝电阻点焊实物图

铝电阻点焊一般用于焊接较薄的铝合金钣金件，如侧围外覆盖件与内骨架的连接。

（3）自攻螺接（FDS） 自攻螺接（Flow Drill Screw）在工件表面顶压螺钉的同时并使螺钉高速旋转，在双（多）层板料中自攻丝形成螺纹，从而快速实现板料间螺纹螺钉连接的一种“冷”连接工艺。在工艺水准方面，单侧进枪，极大提升了在 CT6 车型 11 种复合材料复杂工况下实现板材连接的可行性，从而赋予车体设计更大的灵活性。这项技术的优势在于具有十分出色的气密性和水密性，相比传统焊接工艺，同时又具备优良的动态承载性、耐久性及抗疲劳强度，如图 2-3-5 所示。

自攻螺接通常应用在封闭空间，这时自攻螺接的只需要单侧空间的优势就发挥出来，在前地板横梁及侧围与门框的连接都是通过自攻螺接实现的。

（4）自冲铆接（SPR） 自冲铆接（Self Piercing Rivets）使用高强管状铆钉在高压作用下穿透上层板材，同时，铆钉末端刺入下层板材后在压力及下模的作用下膨胀形成自锁，从而实现板材间的连接。这项工艺实现不同种类材料（铝、钢、塑料）之间的有效连接，并且连接强度为普通电阻点焊强度的 120%。自冲铆接是无烟尘、无发热的绿色工艺，能耗低，生产效率极高，如图 2-3-6 所示。

图 2-3-5 自攻螺接截面图

图 2-3-6 自冲铆接截面图

自冲铆接一般用在较薄的钣金件上，且具有双面空间，满足安装需求，实现钢铝及铝铝连接。

自攻铆钉会安装到塑料带上成卷供货，使用时成卷的铆钉会被安装到铆钉工具的一个滚轮架上，通过不断转动为铆接枪供应铆钉，凯迪拉克 CT6 车身上一共采用五种不同铆钉，用于连接车身上不同部位，不同的铆钉卷材采用不同颜色，来进行防错。

4. 车身维修中铝板的焊接注意事项

1）如果铝板表面有涂层，用装有粒度为 80 号砂轮的砂轮机磨去宽度为 20mm 范围内的涂层，让金属露出来。也可以使用双向砂轮机打磨，不要将砂轮压得太紧，以免温度升高后，铝板上的微粒脱落，堵塞砂纸或砂轮片。

2）用不锈钢钢丝刷清洁铝板表面，直到表面发亮为止。

3）按照焊接机的使用说明书调整电压和送丝速度。但是，说明书上给出的只是大概的数值，修理人员可能还要对这些数值进行调整。

4）剪断焊丝的端部，以便将熔化的部分清除掉。

5）要使用铝焊丝和 100%的氩气。

6）和焊接钢板相比，焊接铝板时的送丝速度较快。

7）焊接铝板时，焊炬应更加接近垂直位置。焊接方向只能从垂直方向倾斜 5°~15°采用正向焊接法，不能在铝板上进行逆向焊接。

8）进行垂直焊缝的焊接时，应从下面开始，向上焊接。

9）将送丝滚轴上的压力调低一点，以免焊丝弯曲，但压力不能调得过低，以防止造成送丝速度不稳定。

10）焊接铝板时，保护气体的数量要比焊接钢板时增加约 50%。

11）焊接铝板会产生更多的溅出物，应在喷嘴和导电嘴的端部涂上防溅剂。

12）对铝焊缝的质量进行检验。

注意事项：

铝合金焊接时操作不当会产生裂纹，导致焊接强度下降。焊接完毕后需要进行检查，如果有不合格的需要重新焊接，直到检查部位没有裂纹，符合要求为止，铝焊缝检查时要使用专用的检测剂。

5. 铝焊缝的检查

1）在焊缝位置喷涂专用清洁剂进行清洁，用抹布擦拭干净。

2）涂上色剂后再次予以清洁。

3）涂上显影剂并检查裂纹。

4）对有显影的焊缝重新打磨到与板件高度平齐，重新进行焊接，焊接后再次进行检验，直到符合要求为止。

6. 拉伸校正

（1）车身拉伸校正的基本原理　车辆受到严重撞击后，车身的外覆盖件和结构件都会发生变形，车身外覆盖件的损伤可用锤子、垫铁和外形修复机来修理，但车身结构件的损伤修理仅使用这些工具是无法完成的。车身的结构件是非常坚固与坚硬的，强度非常高。对于这些部件的整形必须通过车身校正仪巨大的液压力才能够进行修复操作。

车身校正的重点是“精确地恢复车身的尺寸与状态”，因为车身（特别是整体式车身）是车辆的基础，汽车的发动机、悬架、转向系统等都是安装在车身上的，如果这些部件安装点的尺寸没有校正到原尺寸，那么就会影响车辆的性能。

对于整体式车身而言，车身尺寸的精确度是车身修复过程中的一个关键因素。如果车身结构尺寸没有整形到位，仅通过调整或垫上垫片等方法把更换的板件装好，把修整和其他机械方面的问题留给机修人员去做显然是不妥当的。机械的调整手段仍然是必要的，但是只能做一些微小的调整，车身修理人员有责任把基本结构全部修好，仅能将悬架系统和其他机械系统的微调留给这些领域的专门修理人员处理。

校正（拉伸）车身时，有一个基本原则，即按与碰撞力相反的方向，在碰撞区施加拉伸力（图 2-3-7）。当碰撞力很小，损伤比校简单时，这种方法很有效。

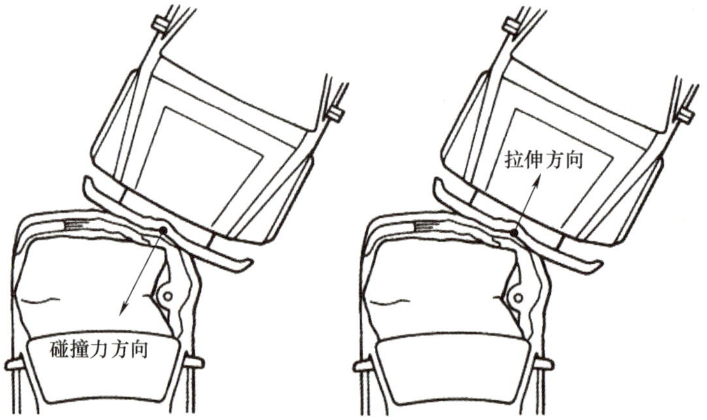

图 2-3-7　拉伸力的方向

但当损伤区域有起皱，或发生了剧烈碰撞，构件变形比较复杂时，仍采用沿着一个方向拉伸就不能使车身恢复原状。这是因为变形复杂的构件，在拉伸恢复过程中，其强度和变形也随着改变，拉伸力的大小和方向就需要适时改变，把力仅施加在一个点和一个方向上，便不能取得好的修复效果。

因此，建议在校正拉伸时，要同时在损坏区域不同的点上施加拉力。

（2）拉伸操作方式

1）单拉系统（单向拉伸）。

整体式车身的拉伸校正和车架式车身的拉伸校正有很大的不同。通过一系列单向拉力，通常就可将车架式汽车整平和校直。简单地朝一个方向的拉力，对车架式车身的校正具有相当好的效果。车架式车身的车架金属板厚度在 3mm 以上，可以承受反复的拉伸，一般不会发生拉伸过度或拉断的现象。在整体式汽车损伤较轻的表面可以使用简单的单向牵拉。在牵拉修理其他部位复杂的损伤时，因未损伤部位和已修复的部件在其他相连接部件拉伸时不能再受到拉伸，为了做到这些工作，需要辅助牵拉或定位，这时就必须使用复合牵拉系统。

2）复合牵拉系统（多点拉伸）。

整体式汽车车身，结构更加复杂，碰撞力更容易扩散到整个车身，整体式车身大部分的板件都比较薄，高强度钢板在变形后内部有更多的加工硬化，在修理过程中，这些变形的板件恢复形状需要更大的力，当只用一个拉力拉伸校正变形部件时，变形还没有恢复，但是板件可能已经被撕裂了，所以整体式车身的部件在拉伸时要求有多重拉力。这要求在每次校正拉伸过程中，尽量要找到两个或更多的拉伸点和方向，如图 2-3-8 所示。

图 2-3-8　整体式车身的多点拉伸

复合牵拉具有支撑和牵拉甚至双向牵拉的能力。这种能力在修复整体式车身的二次损伤时，是很需要的。使用复合牵拉系统（图 2-3-9），能对任何牵拉进行严格控制，并大幅改进牵拉的精确度。

复合牵拉方式可以完成下面一些工作：可以同时从两点或两点以上，精确地按所需方向成功地进行牵拉，对整体式车身修理程度进行必需的控制：多点的复合牵拉，极大地减小每个点上所需的力，大的拉伸力通过几个连接点加以分散，因此减少了薄板件被拉断的危险。

（3）拉伸校正的程序　拉伸校正程序是从混在一起的众多小问题中，找出修理的先后次序，找出第一个需修复的板件，开始修复，然后再修复第二个板件，如此循环直至修复完成。

图 2-3-9 复合牵拉系统

整个车身在修理时，要用“从里到外”的顺序完成修理过程。因为车身尺寸的基准在车身中部，需要先对车身中部进行整修，使中部车身尺寸恢复，以它们为基准再对前部或后部的尺寸进行测量和校正。而不是车身前部损坏就先修理前部部件，后部损坏就先修理后部部件，是要先对车身的中部（驾驶室）进行校正，使车身中部和底部的尺寸，特别是基准点的尺寸恢复到位。

一个部件受到损伤后，可能存在三个方向的损伤，那么整修时应该按照校正长度→校正宽度→校正高度的顺序进行。

在整个校正拉伸的过程中，具体到每一个板件变形的拉伸校正时，拉伸校正的程度是由损坏部件的尺寸决定的。拉伸前需要知道每个损坏部件变形的方向和变形的大小，这需要准确的测量来决定，通过三维测量数据和车身标准数据对比可以知道变形的大小和方向。

对一个受损板件进行拉伸校正操作时，要用拉伸力使金属板件恢复到原先的形状，金属在受到外力时首先发生弹性变形，然后超过一定力后才会发生塑性变形。在每一次的拉伸中，即使车身被牵拉至超过预定尺寸，车身部件也会由于弹性变形的存在而只是部分地恢复尺寸。因此，在拉伸时应预先估计其金属回弹（弹性变形）量，并在拉伸过程中，留出一定的余量。不要试图一次就把变形拉伸到位（完全回到标准尺寸），变形的板件内部存在加工硬化（内部应力），如果不把加工硬化消除，拉伸的回弹量会很大，大力的拉伸也会使板件由于加工硬化而破裂。

每一个板件的修复需要很多次的拉伸操作，每一次拉伸时，只使受损板件产生少量的变形，然后卸力、测量，检查一下板件变形恢复的程度，还有多少尺寸没有恢复，再重复拉伸、测量、检查的工作过程，直到板件的尺寸恢复到标准尺寸的误差范围内。

(4) 防止过度拉伸　产生过度拉伸的原因一般有以下两个：

1）在修复中没有遵循“先里后外”的拉伸原则，导致修理程序的混乱，修理好的板件在其他变形板件进行修理时影响了它的尺寸，使原先已经校正好的板件长度又被加大了，超过了原尺寸。

2）在校正过程中没有经常、精确地测量拉伸部位的尺寸，没有很好地控制拉伸的程度，很可能会导致牵拉过度的发生，如图 2-3-10 所示。

可以将一块板件拉长，但不可能通过推压使其缩短。任何损坏的板件，在拉伸校正之后，超过了极限尺寸，就很难再收缩或被压缩了。过度拉伸唯一的修理方法就是把损坏的板件更换。为防止过度拉伸而损坏整体式车身，在每一次的拉伸校正过程中，都要对损伤部位的校正进程进行测量、监控。

图 2-3-10　过度拉伸

7. 切割的注意事项

如果车身的前部或后部遭受严重的损坏，损坏区域没有修复的价值，有时要通过车身的整体分割来切除损坏部分，把另一辆汽车的完好部分连接到需要维修的车身上。与常规车身整体的修理损坏的方法相比较，整体分割更实用，并且费用少。这种方法可缩短修理时间，减少拆除车辆的劳动力，并且不太影响腐蚀的防护。在车身的整体分割中，两根 A 立柱、两根车门槛板及地板切割后，一辆汽车的车身就能被完全分割。在车身的整体分割操作中，要采用适当的技术和工艺规程正确地分割、匹配和焊接各个组件。采用车身的整体切割方法应注意以下事项：

1）所有的修理工艺规程，包括安装和焊接，必须向车主充分说明。

2）重复使用的零部件（包括车身零部件和机械零部件）必须是同类型、具有同等质量的。核实悬架装置、制动装置和转向机构工作是否正常。

3）切割前要小心地检查前后两部分车身是否对正。如果没有对正，那么板件的配合间隙不准确导致接缝过大。

4）采用车身整体分割把两辆车拼接到一起时，在 A 立柱的中间、在两个车门槛板中，可以使用对接和插入件。在地板中使用搭接。要在车门槛板和地板以及前车门开口的中间进行切割，避免对 A 立柱和中立柱中的任何支架或加强件进行切割和破坏。

5）地板上可能有需要在分割前拆下的加强件和支架。加强件可以留在替换件的后半部，有助于对中。当更换支架和加强件后，必须重新做好板件的防腐蚀工作。

8. 钣金维修工具设备

平台式校正仪是一款通用型的车身校正设备（图 2-3-11），可以对各种类型、型号的车身进行有效的校正。

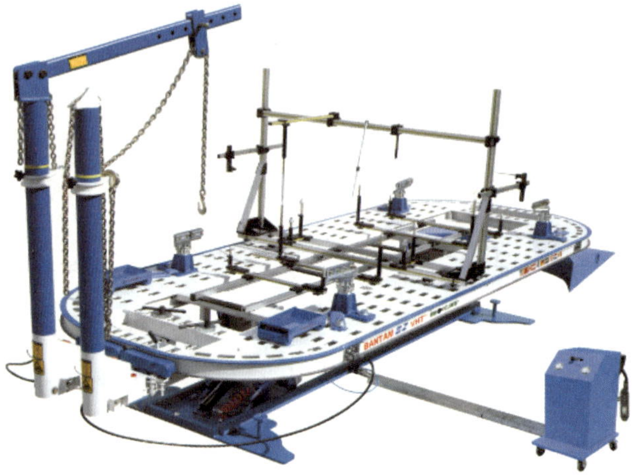

图 2-3-11　平台式校正仪

平台式校正仪有多种类型，但一般配有两个或多个塔柱进行校正拉伸。这种拉伸塔柱为车身修理人员提供了很大的自由度，可在任何角度、任何高度、任何地方向上或向下进行拉伸。其中，很多平台式校正仪有液压倾斜装置或整体液压升降装置，利用一个手动或电动拉车器，将车身拉或推到校正平台上一定的位置。平台式校正仪同时也配备有很好的通用测量系统，通过该测量系统精确地测量可指导校正拉伸工作准确、高效地进行。

平台式校正仪主要由以下部分组成：

（1）校正平台　校正平台是车身修复的主要工作平台，拉伸校正、测量、板件更换等工作都在平台上完成。

（2）上车系统及升降系统　通过上车系统和平台升降系统可以把事故车放置在校正平台上。上车系统包括上车板、拖车器、车轮支架等（图 2-3-12），平台一般通过液压油缸把平台升起到一定的工作高度，平台的工作高度有固定式的和可调式的。固定式的一般为倾斜式升降，高度为 500～600mm；可调式的一般为整体式升降，高度一般为 300～1000mm。

（3）主夹具　车辆在平台上进行维修前，通过固定在平台上的主夹具紧固车辆，使车辆、平台和主夹具成为一个刚性的整体，车辆在拉伸操作时不能移动。为了满足不同车身下部固定位置的需要，主夹具结构有多种（图 2-3-13），双夹头夹具可以夹持比较宽的裙边部位，防止拉伸中损坏夹持部位，单夹头夹具的钳口开口很宽，能够夹持车架。对于一些特殊车辆的夹持部位有特殊的设计，有些车没有普通车的点焊裙边，如奔驰或宝马车需要专门的夹具来夹持。

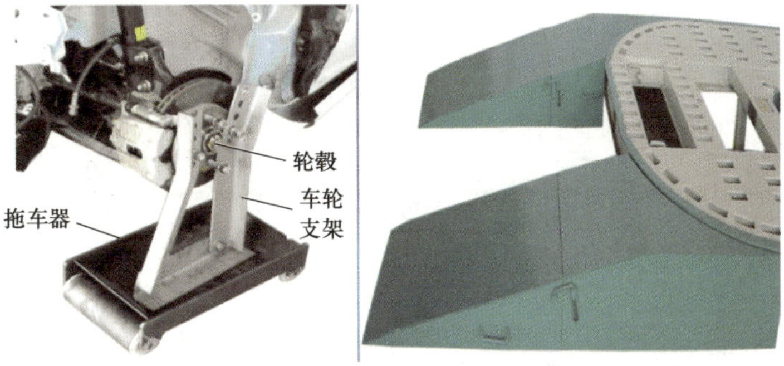

图 2-3-12　上车系统

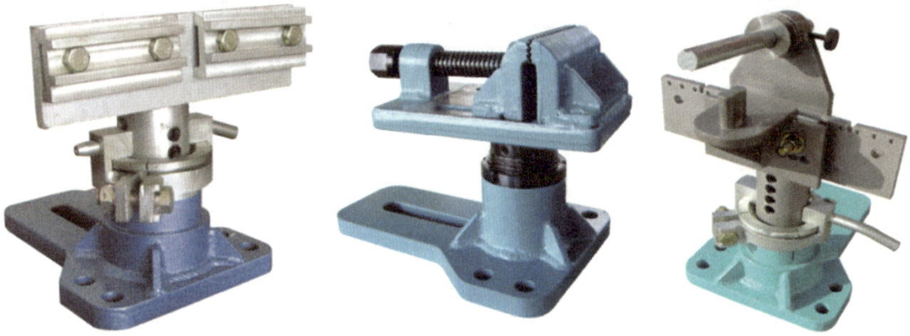

图 2-3-13　不同类型的主夹具

（4）液压系统　车身拉伸校正工作是通过强大的液压力把车身上变形的板件拉伸到位，校正仪一般配气动液压泵或电动液压泵，通过油管把液压油输送到塔柱内部的油缸中，推动油缸的活塞顶出。气动液压一般是分体控制的，而比较先进的电动液压系统一般是集中控制的，由一个或两个电动泵来控制所有的液压装置，这样效率更高，故障率更低，工作平稳。

（5）塔柱拉伸系统　塔柱拉伸系统如图 2-3-14 所示。

损坏板件的拉伸操作是通过塔柱实现的。塔柱内部有油缸，液压油推动油缸活塞，活塞推动塔柱的顶杆，顶杆伸出塔柱的同时拉动链条，在顶杆的后部有链条锁紧窝把链条锁住，通过导向环把拉力的方向改变成需要进行拉伸的方向。导向环通过摩擦力卡在塔柱上。

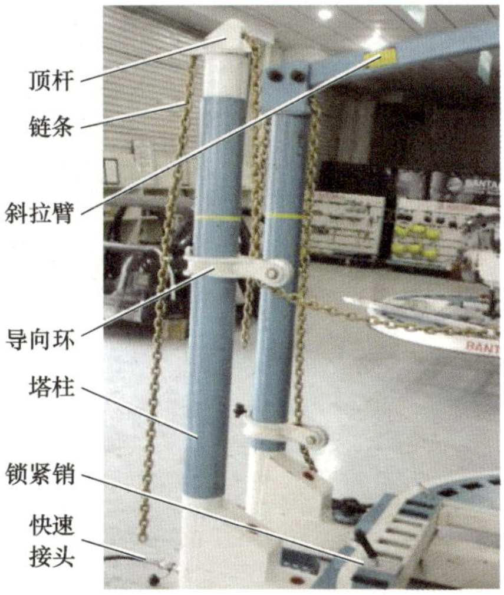

图 2-3-14　塔柱拉伸系统

（6）钣金工具 钣金工具包括各种专门对车身各个部位拉伸用的夹持工具，如图 2-3-15 所示。

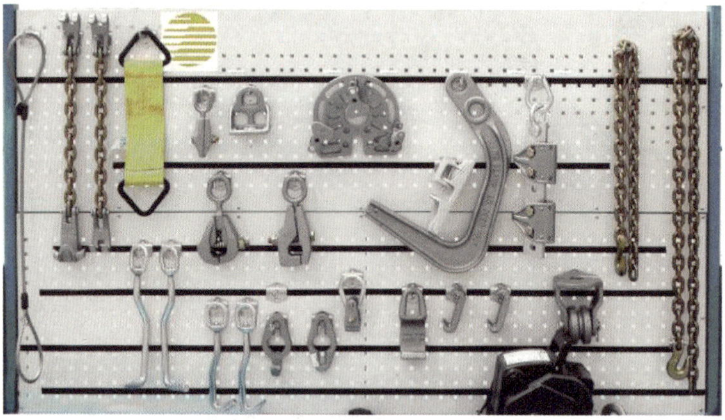

图 2-3-15 拉伸用的钣金工具

（7）测量系统 测量系统是整个车身修复过程中不可或缺的。

活动二 施工前准备

1. 工具准备

（1）工具、设备 超声波电子测量系统（图 2-2-3）、车身校正仪（图 2-2-4）、拉伸工具、锤子、气动锯、冲压铆钉钳及冲头、铝焊机等。

（2）防护工具 安全帽、护目镜、工作服、安全鞋、棉线手套、焊接手套、焊接防护面罩、耳塞、焊接用呼吸器等。

（3）实训器材 故障车一台，如图 2-3-16 所示。

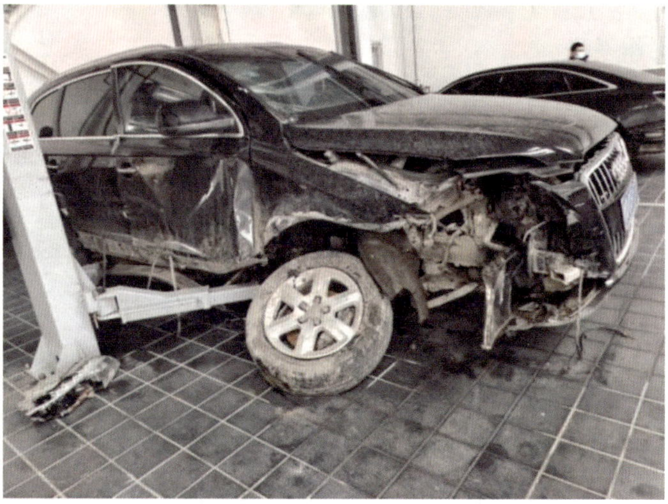

图 2-3-16 维修车辆

2. 场地准备

施工场地干净整洁，无杂物，设备工具摆放整齐，如图 2-1-3 所示。

3. 人员准备

穿戴整洁，做好防护。作业开始前，维修人员需穿戴好所有的安全防护用品，防止操作中设备出现问题而伤害身体，如图 2-1-4 所示。

活动三 施工

一、铝车身前部纵梁的拉伸校正

步骤一 受损车辆检查

观察受损车辆变形情况，初步判断变形受损量及拉伸方向，如图 2-3-17 所示。

图 2-3-17 对损伤车辆进行检查

步骤二 车身校正前测量作业

1. 测量系统信息选择

根据系统提示信息，分别选择语言、维修信息、车型、有无悬架信息等，进入测量准备信息界面，如图 2-3-18 所示。

2. 基准点选择

根据系统提示，选择相应的基准点，安装基准点测量头和发射器，并将发射器两端与测量头和横梁相连接，如图 2-3-19 所示，建立基准点。

超声波电子测量系统中基准点选择一般为 a 点，如图 2-3-20 所示（a 点是测量系统中设定好的点，一般是靠近前立柱附近的点）。

3. 参考点选择

根据系统提示，选择相应的参考点，安装参考点测量头和发射器，并将发射器两端与测量头和横梁相连接，建立参考点。

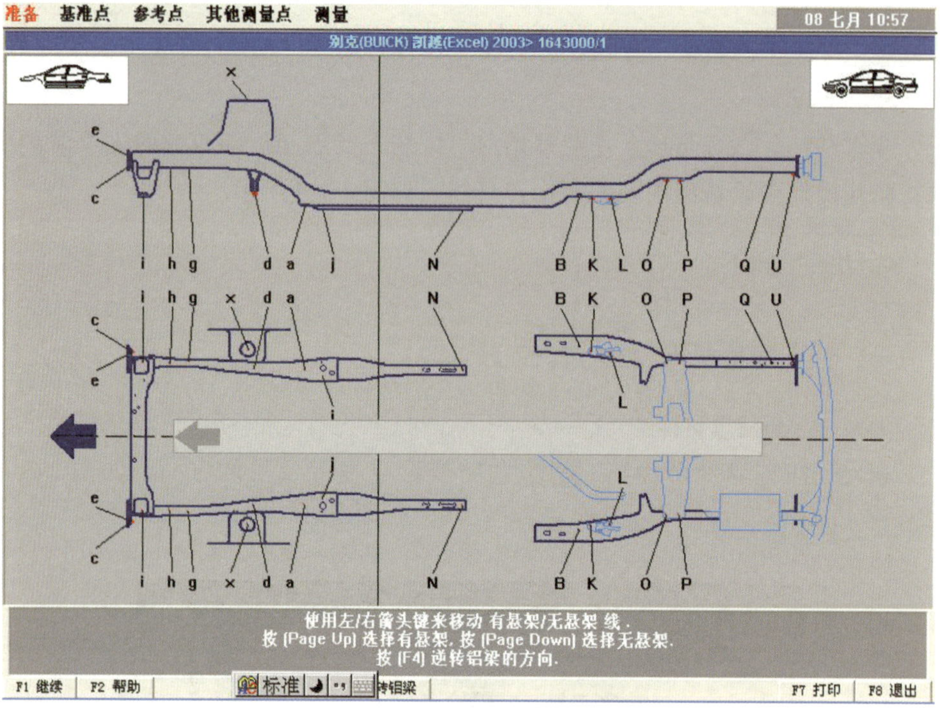

图 2-3-18 测量准备信息界面

图 2-3-19 安装发射器

超声波电子测量系统参考点选择一般为 B 点（B 点是测量系统中设定好的点，一般是靠近后立柱附近的点），如图 2-3-21 所示。

4. 测量点选择

按照损伤位置对车辆前、中、后的相应位置选择测量点，经过测量确定车辆损伤程度，并记录测量信息。

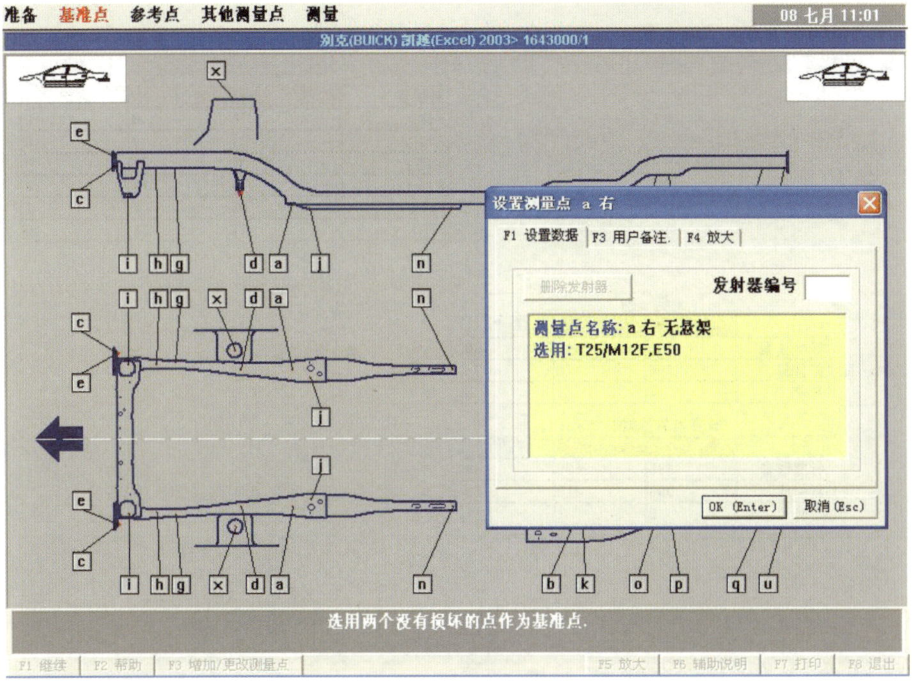

图 2-3-20　确定基准点

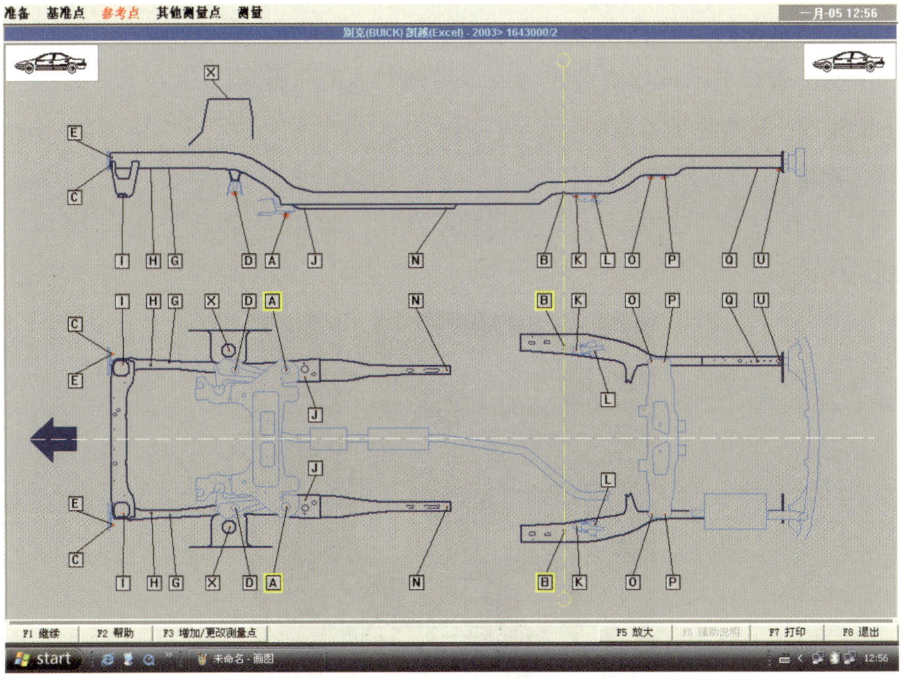

图 2-3-21　确定参考点

在计算机中测量数值会与标准数值进行对比，可以直观地看到它们的差值，差值即车身损伤变形的数值，如图 2-3-22 所示。

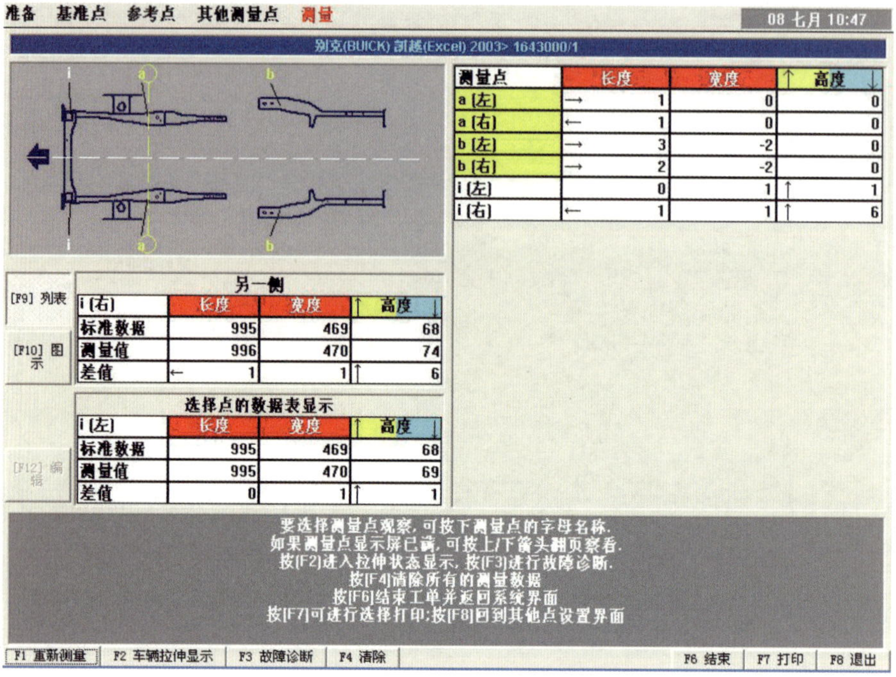

图 2-3-22　对损伤点进行测量

5. 拉伸点选择

在损伤最严重的位置安装拉伸点，可随时监测拉伸量。

步骤三　车身校正前准备

1. 推塔柱

1）松开塔柱固定螺栓，使用推的方式，将塔柱移动至拉伸区域，如图 2-3-23 所示。

图 2-3-23　移动塔柱

2）移动塔柱时，注意发射器的连接线，防止将发射器的连接线夹断。

2. 固定塔柱

塔柱移动至拉伸区域后，使用塔柱固定螺栓将塔柱固定，拧紧时，注意采用拉的方式，塔柱与校正平台要求完全贴合，不能有松动，如图 2-3-24 所示。

图 2-3-24　固定塔柱

3. 尼龙绳和保险带临时固定

从辅助工具车上取下尼龙绳和保险带，将其放于受损车辆需校正的纵梁一侧，注意放时要平稳，防止尼龙绳和保险带掉落，如图 2-3-25 所示。

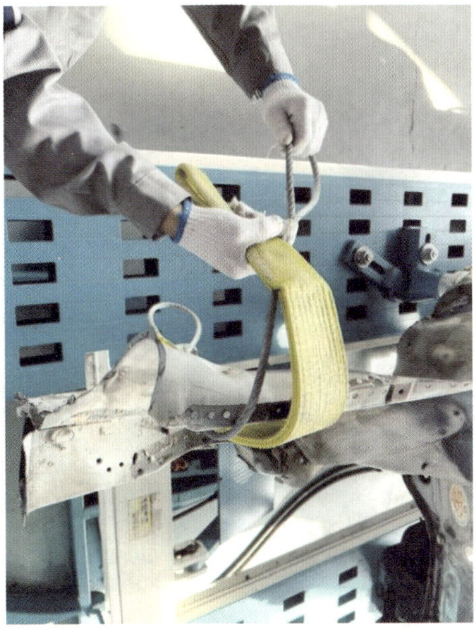

图 2-3-25　临时固定尼龙绳和保险带

4. 塔柱拉伸链条调整

维修人员从校正平台一侧站上校正平台，调整塔柱拉伸链条，调整完毕后，需将链条扣进锁紧装置内，如图 2-3-26 所示。

图 2-3-26 调整拉伸链条

5. 拉伸链条拉钩连接

将拉伸链条拉钩扣入尼龙绳环口内，并把安全绳穿过拉钩，使车身与拉钩相连接，如图 2-3-27 所示。

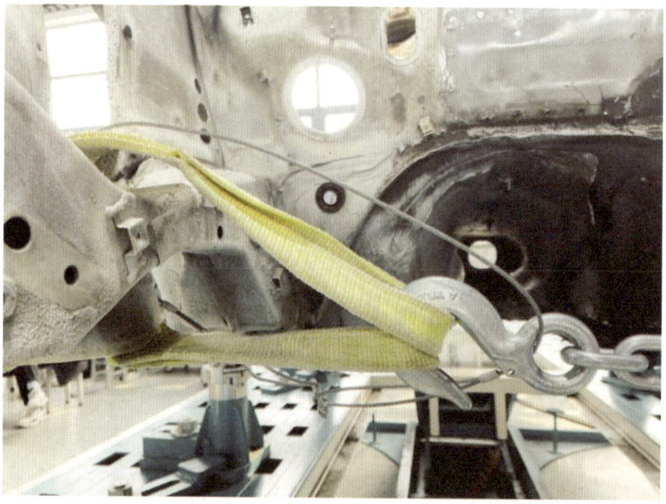

图 2-3-27 连接拉钩

6. 快速调整钩调节拉伸链条长度

利用快速调整钩调节拉伸链条的长度，调节拉伸链条时，拉伸链条的所有链节必须在统一平面上，不能有扭曲打结的现象，如图 2-3-28 所示。

图 2-3-28　快速调整钩调节拉伸链条长度

7. 拉伸链条压紧

松开导向环固定螺栓，用力压下导向环，使拉伸链条拉紧，减小塔柱液压缸的行程，如图 2-3-29 所示。

图 2-3-29　压紧拉伸链条

8. 拉伸界面打开

拉伸前测量已确定纵梁的变形方向和变形量，进入拉伸界面，有助于拉伸过程中，边测量边拉伸，控制拉伸量，如图 2-3-30 所示。

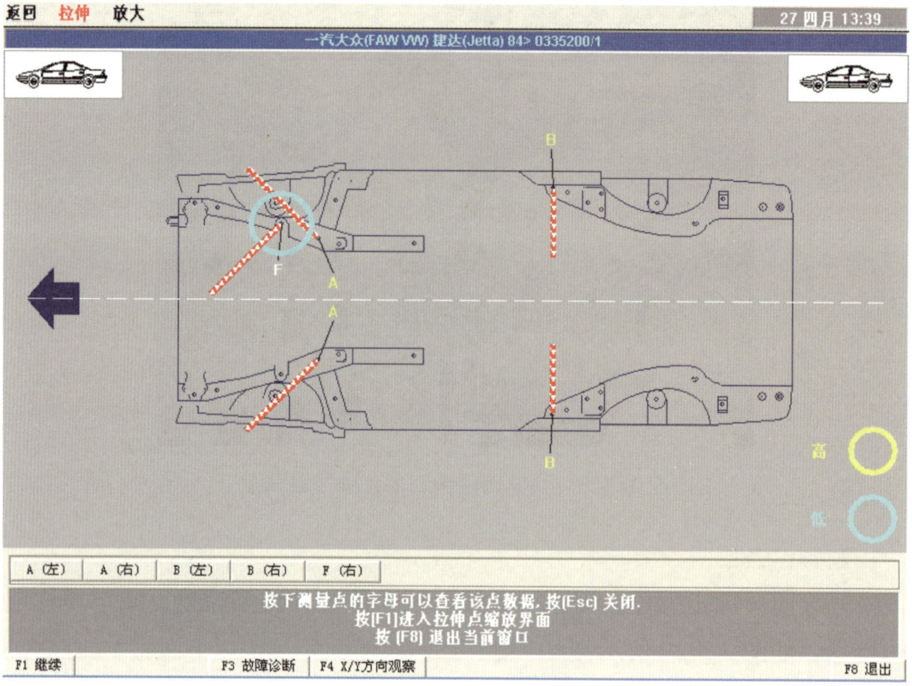

图 2-3-30 拉伸界面

步骤四 拉伸作业

1. 纵梁校正

根据受损纵梁的变形情况，先校正较远的纵梁，再校正较近的纵梁，如图 2-3-31 所示。

图 2-3-31 校正纵梁

2. 辅助拉伸

较远的纵梁校正完毕后，校正较近的纵梁时，需对另一根纵梁做辅助拉伸作业，防止拉伸过度，造成二次损伤，如图 2-3-32 所示。

图 2-3-32　辅助拉伸

步骤五　工作场地 7S 整理

工作场地 7S 整理，如图 2-1-3 所示。

二、铝合金前纵梁的更换

铝合金前纵梁碰撞损坏后需要进行更换，其更换步骤如下：

步骤一　车身在校正仪上进行定位、测量

如图 2-3-33 所示，车身在校正仪上进行定位、测量。车身定位的四个主夹具应紧固牢靠，保证后续拉伸工作中的安全。

图 2-3-33　车身进行测量定位

步骤二　安装冲压铆钉钳及冲头

铝合金车身有些部位采用的是铆钉连接，准备此工具是为了拆掉铝合金车身上的铆钉，如图 2-3-34 所示。

步骤三　压出铆钉，拆除附件

采用铆钉连接的车身附件需要将铆钉拆掉后才能取下附件，如图 2-3-35 所示。

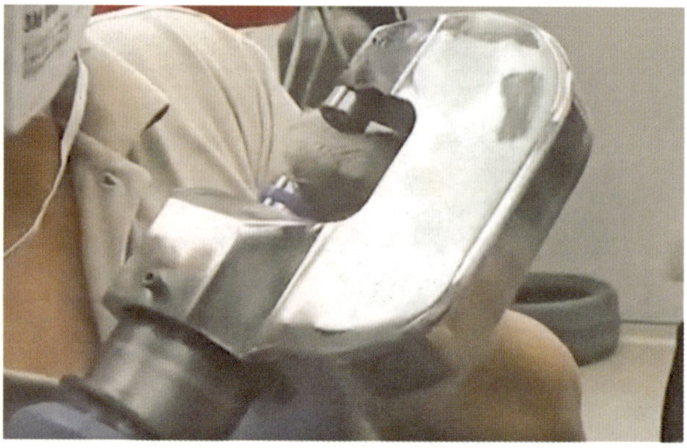

图 2-3-34 冲头安装在铆钉钳上

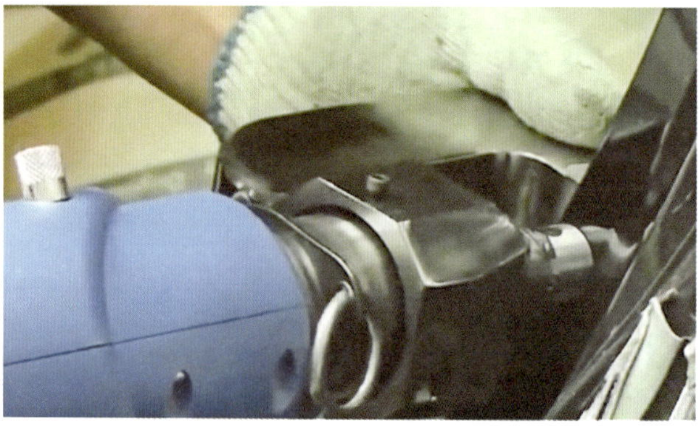

图 2-3-35 压出铆钉

步骤四 准备更换的前纵梁

如图 2-3-36 所示，准备更换的前纵梁。

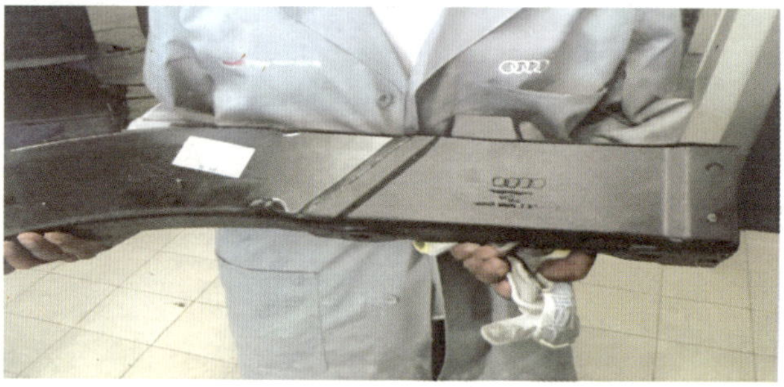

图 2-3-36 准备更换前纵梁

步骤五 使用气动切割锯切割前纵梁与挡泥板的焊缝

如图 2-3-37 所示，使用气动切割锯切割前纵梁与挡泥板的焊缝。切割锯使用时注意佩戴耳塞、口罩、护目镜或者全尺寸的防护面罩（眼睛是非常脆弱的，应该像保护生命一样保护眼睛）。

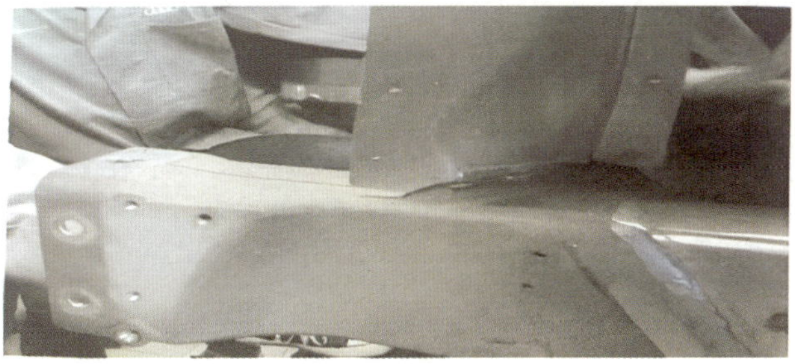

图 2-3-37　切割前纵梁与挡泥板的焊缝

步骤六　使用气动切割锯切割前纵梁与铝合金焊缝

如图 2-3-38 所示，使用气动切割锯切割前纵梁与铝合金焊缝。

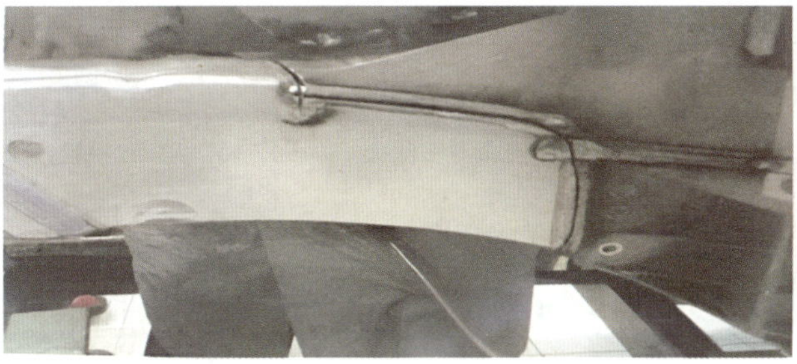

图 2-3-38　切割前纵梁与铝合金焊缝

步骤七　取下前纵梁

如图 2-3-39 所示，取下前纵梁。用气动切割锯切割后的铝车身切割部位不平整并存在毛刺，需要经过后续的处理。

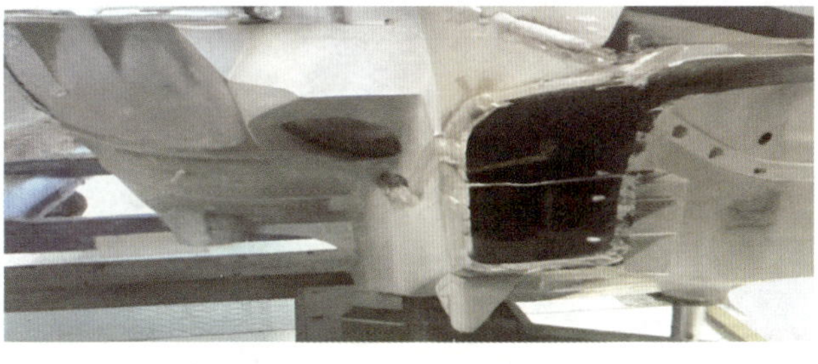

图 2-3-39　切割后的铝车身

步骤八　粗打磨切割部位

如图 2-3-40 所示，粗打磨切割部位。打磨机使用时注意佩戴耳塞、口罩、护目镜或者全尺寸的防护面罩。

步骤九　打磨到焊接结合部出现缝隙

打磨到焊接结合部出现缝隙，方便之后与新板件的焊接。

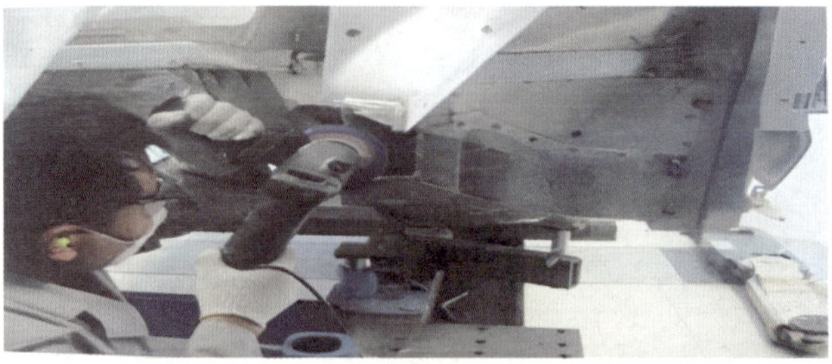

图 2-3-40　打磨切割部位

步骤十　用扁铲剔除前纵梁余部

如图 2-3-41 所示，用扁铲剔除前纵梁余部。扁铲使用之前应该检查是否锋利，如果不锋利，应经过正确的刃磨以后再使用。

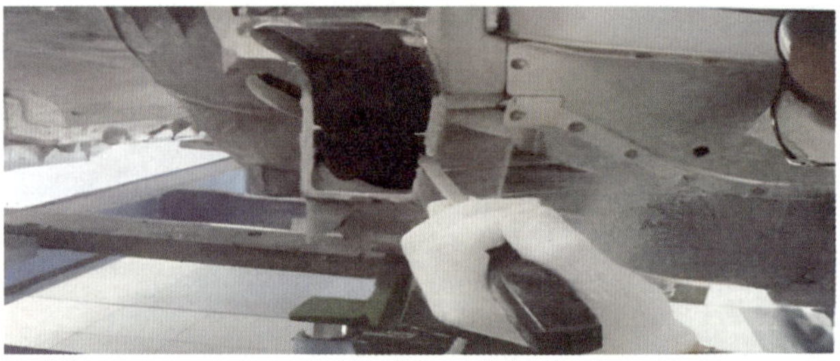

图 2-3-41　剔除前纵梁余部（残留板件）

步骤十一　锉刀去除结合部位毛刺

如图 2-3-42 所示，锉刀去除结合部位毛刺。注意铝的硬度比钢要低一些，锉刀去除毛刺即可，避免过多地去除材料。

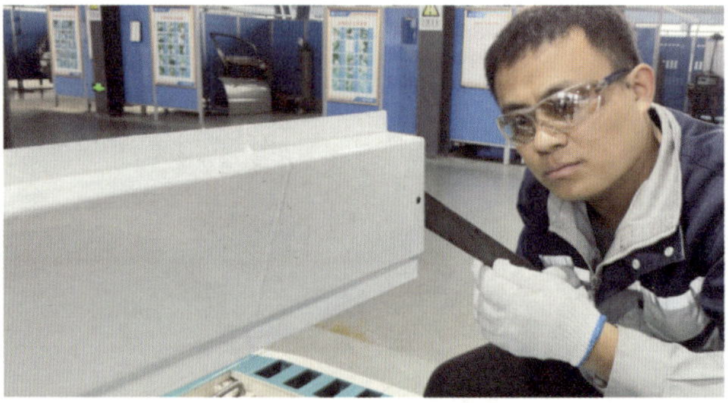

图 2-3-42　打磨毛刺

步骤十二　安装新前纵梁到铝车身上

如图 2-3-43 所示，安装新前纵梁到铝车身上。

步骤十三　划出焊接轮廓线

如图 2-3-44 所示，划出焊接轮廓线。

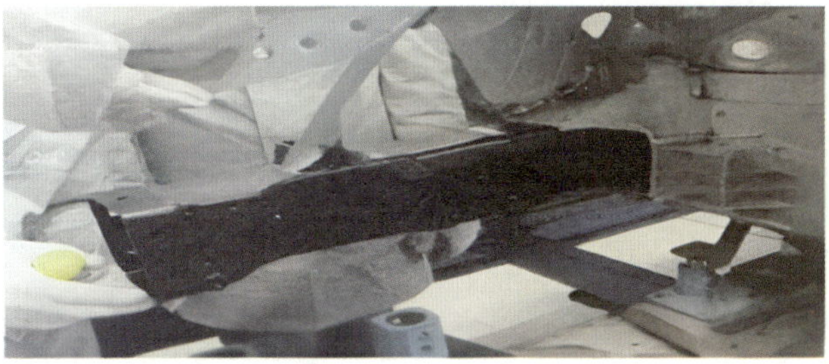

图 2-3-43　安装前纵梁

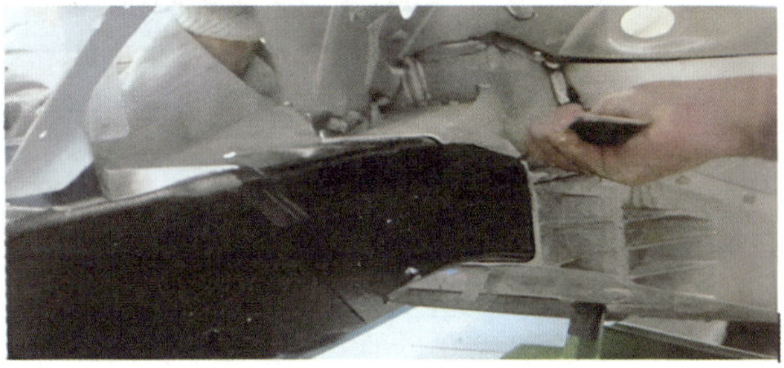

图 2-3-44　划出焊接轮廓线

步骤十四　标记打磨区

焊接轮廓线周边 4cm 为打磨区，如图 2-3-45 所示。

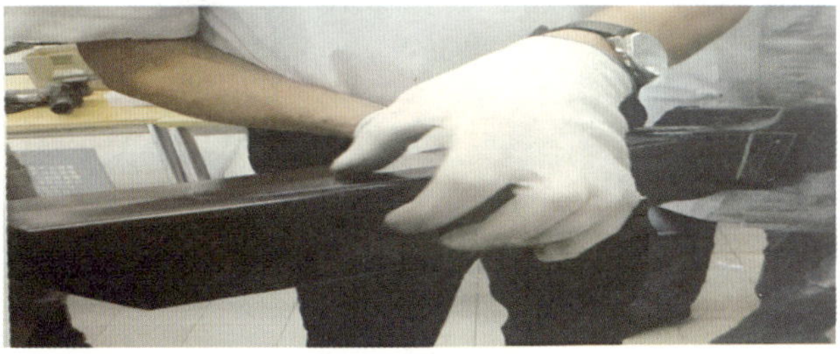

图 2-3-45　标记打磨区

步骤十五　安装玻璃纤维砂轮片

如图 2-3-46 所示，安装玻璃纤维砂轮片。

图 2-3-46　安装玻璃纤维砂轮片

步骤十六　打磨去除焊接部位底漆

底漆是不导电的，在进行焊接之前应该去除底漆。

步骤十七　把前纵梁安装车身上，进行测量定位

如图 2-3-47 所示，把前纵梁安装车身上，进行测量定位。

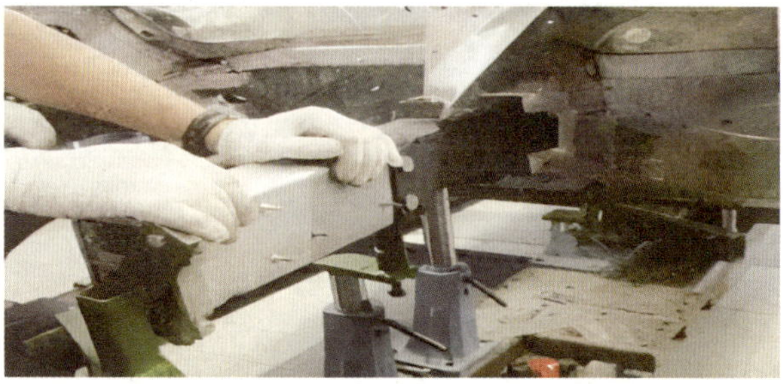

图 2-3-47　测量定位前纵梁

步骤十八　正式焊接前要先进行定位焊

定位焊间距为板厚的 15 倍，如图 2-3-48 所示。定位焊除了在正式焊接之前对板件起定位作用，还可以有效地防止正式焊接过程中由于热胀冷缩产生的变形，所以定位焊的每一个焊点都应该保证结实牢固。

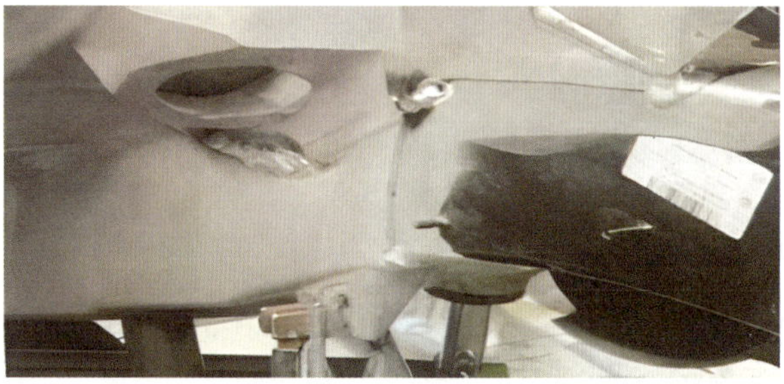

图 2-3-48　前纵梁定位焊

步骤十九　打磨定位焊点使用其与板面平齐

步骤二十　分段焊接

整体焊缝采用分段焊接，每段焊接长度为 30mm 左右，每段采用连续焊接方式，如图 2-3-49 所示。分段焊接的目的主要是减少焊接过程中产生的应力，从而减少板件焊接过程中的变形。

图 2-3-49　分段焊接

步骤二十一　把车身上部挡泥板等附件安装在车身上，定位准确后进行铆接

步骤二十二　工作场地 7S 整理

活动四　检查验收

同学们进行操作，由老师对同学们的操作进行考评，按照表 2-3-1 和表 2-3-2 进行评分。

表 2-3-1　铝车身纵梁的拉伸校正考核评分表（100 分）

考核时间	考核项目	配分	评分标准	得分
45min	安全防护	10	未按照要求穿戴防护用品每种扣 2 分	
	操作过程	80	测量结果每错一次扣 5 分，共 20 分	
			拉伸校正的操作每一次错误扣 5 分，共 20 分	
			校正结果每超出误差范围 1mm 扣 5 分，共 20 分	
			由于操作不当导致的工具或设备损坏扣 1～20 分	
	7S 整理	10	操作完毕后未恢复原位扣 1～10 分	

表 2-3-2　铝车身纵梁的更换考核评分表（100 分）

考核时间	考核项目	配分	评分标准	得分
45min	安全防护	10	未按照要求穿戴防护用品，每项扣 2 分	
	操作过程	80	安装尺寸每错一处扣 5 分，共 20 分	
			焊疤未跳焊，每次扣 5 分，共 20 分	
			焊疤两侧出现阶差，每处扣 5 分，共 15 分 焊疤出现气孔，每个扣 1 分，共 5 分	
			由于操作不当导致的工具或设备损坏扣 1～20 分	
	7S 整理	10	操作完毕后未恢复原位扣 1～10 分	

活动五　交接给喷涂技师

由喷涂技师检查是否符合喷涂要求，如果符合直接喷涂，如果不符合经过再次加工，直至符合喷涂要求为止。

项目三

汽车精致修复

任务一　铝车身翼子板凹坑的免喷漆修复

任务描述

张女士的车在转弯过程中与两轮电动车发生轻微碰撞，在此次事故中，右前轮上方翼子板出现一处浅凹坑。经检查，车漆未受损，且凹坑为浅坑，因此需要你对此凹坑进行免喷漆修复处理。

任务目标

素养目标	能力目标	知识目标
1）通过自主查阅资料，培养学生自主学习能力与分析能力 2）通过分组学习，培养学生合作能力与解决问题的能力 3）通过规范操作，培养学生爱岗敬业、科学严谨的职业素养	1）能自主查阅相关维修技术资料获取铝车身钣金件修复方法 2）根据任务要求和实际情况，小组合作，对车辆的损坏进行分析并制订维修方案 3）能按照企业规范正确操作维修设备，修复损坏部件	1）掌握铝车身变形特点及修复方法 2）了解维修设备的使用注意事项

活动一　知识准备

汽车金属面板损伤的常规修复方法主要是敲击整形修复和焊接介子拉拔修复，这两种方法都是对面板较重的损伤进行整修，会对金属漆面造成损伤，在后面的修复工序中还需进行涂装作业。

如果金属面板的损伤较轻且漆面未受损，可以使用免喷漆修复方法来修复板件，不但可以节省大量的维修时间，而且还可以避免因喷漆可能产生的色差等问题。

汽车金属面板凹陷免喷漆修复技术是运用光学和力学原理，使用尼龙拉拔介子、热熔枪、拉拔工具、撬杠等专业工具对凹陷部位进行修复，不需要破坏车漆。一般常用的方法有黏结介子拉拔修复和撬杠顶压修复。

1. 常见的快速修复工具

（1）凹陷修复工具——撬杠

1）撬杠的种类。撬杠由大小不同、形状各异的撬杠组成，如图 3-1-1 和图 3-1-2 所示。

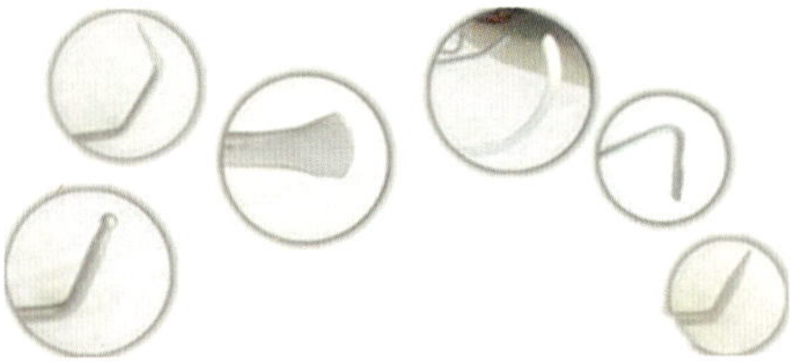

图 3-1-1　撬杠

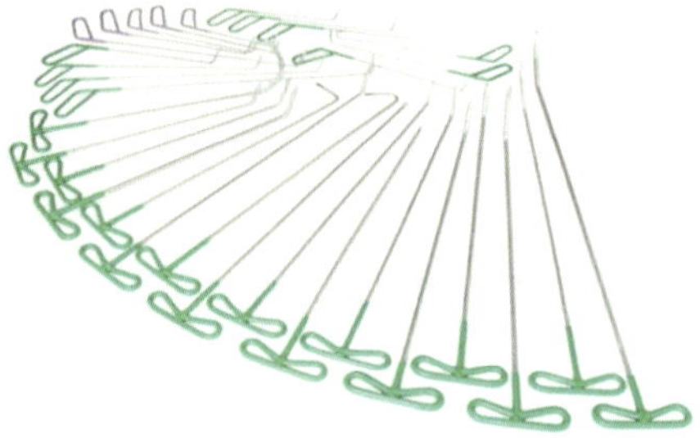

图 3-1-2　各种长度的撬杠

圆头工具用来修复单层结构的凹陷，扁头工具用来修复夹层结构的凹陷，扇面工具用来修复边角夹层结构，尖头工具用来精致修复处理圆头、扁头工具留下的小凹陷，倒钩工具用来修复边角卷边的凹陷。

凹陷修复工具选择时需要灵活多用，不断尝试找到最省力、效率最高的工具。

2）撬杠的原理。凹陷修复是利用杠杆工作原理。杠杆是由支点、施力点和受力点组成的。凹陷修复中手是施力点，车身凹陷受损位置就是受力点，车身部件找到合适的位置作为支点。

3）凹陷修复选择杠杆的原则。凹陷修复工具选择上要遵守用长不用短；用粗不用细；工具越长越省力，力度越容易控制；工具越粗越不宜变形；加力的过程中工具不会因为变形而卸力。

4）撬杠的运用技巧。凹陷修复中撬杠施力一般分为三种用法，如图 3-1-3 所示。

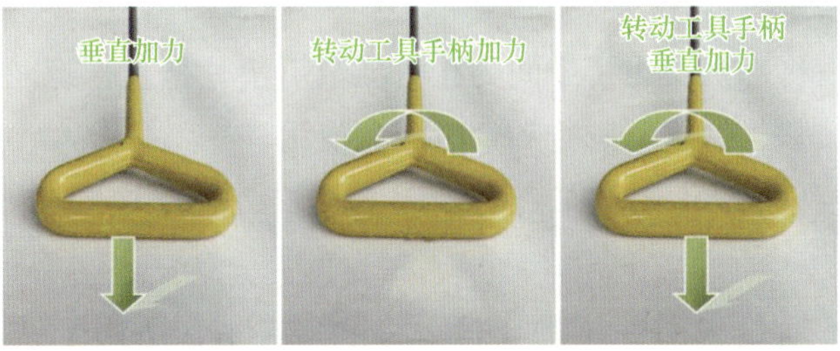

图 3-1-3　撬杠施力的三种用法

① 垂直加力。

② 转动工具手柄加力。

③ 转动工具手柄垂直加力。

（2）拉拔器

1）拉锤式拉拔器。是由拉头、拉杆、滑动块和手柄组成的，如图 3-1-4 所示。

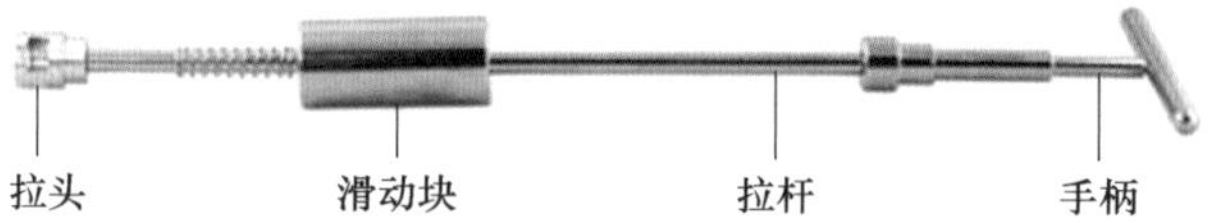

图 3-1-4　拉锤式拉拔器

工作原理：快速拉动滑动块将凹陷拉平，操作方便简单，效率高，适用于大小凹陷。

使用方法：将拉头钩住拉拔吸盘，左手握住手柄，右手握住滑动块，沿着拉锤轴向方向，将拉锤向车体外撞击，需配合胶枪和拉拔吸盘使用。

2）桥式拉拔器。是由牵引拉力桥和螺丝旋转钮组成的，如图 3-1-5 所示。

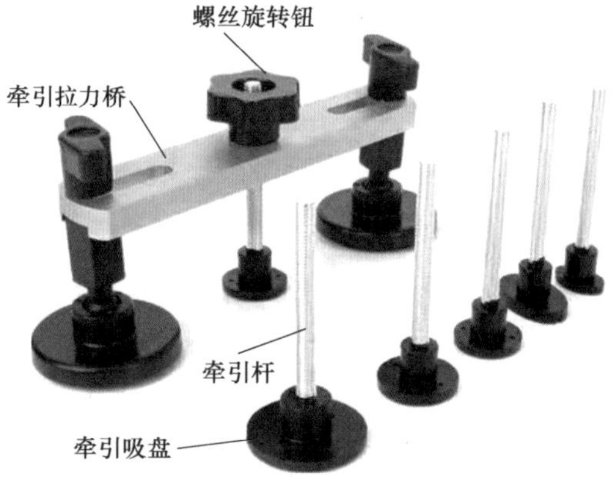

图 3-1-5　桥式拉拔器

工作原理：通过螺丝旋转钮逐步旋转加力，将凹陷拉平。适用于深坑，还可以配合杠杆使用。

使用方法：将牵引拉力桥中间的孔对准牵引垫片杆，把螺丝旋转钮套在牵引杆上，慢慢锁紧，需配合胶枪和牵引吸盘使用。

3）钳式拉拔器。是由调节螺母、吸盘接口、底座橡胶和操作杆组成的，如图 3-1-6 所示。

工作原理：通过来回握压操作杆，将凹陷拉平，适用于铁皮比较薄的凹陷，底座橡胶可以保护周围铁皮，防止铁皮变形。

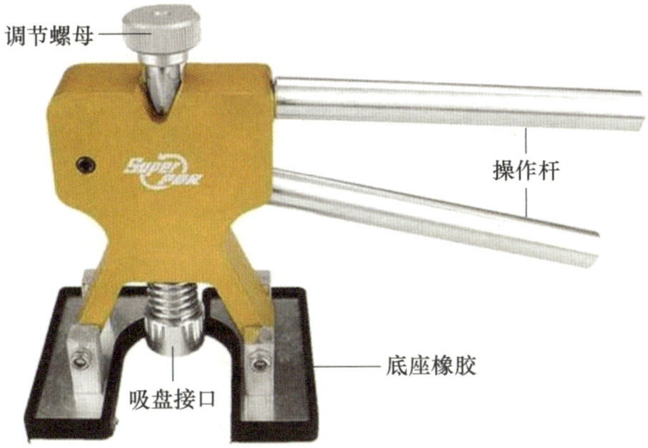

图 3-1-6　钳式拉拔器

使用方法：将钳式拉拔器放到车身凹陷处粘好吸盘的位置上，通过调节螺母调整吸盘接口与凹陷的距离，直到完全卡好拉拔吸盘为止，用手握住拉拔器操作杆，来回压拔，直到凹陷修复完成，需配合胶枪和拉拔吸盘使用。

（3）拉拔吸盘　拉拔吸盘是由高强度的 PA6 尼龙材质加工而成的，形状大小规格不同，适用于不同形状大小的凹陷，如图 3-1-7 所示。

图 3-1-7　拉拔吸盘

使用方法：用胶枪在垫片上均匀涂满胶，将拉拔吸盘贴入凹陷部位，需配合胶枪、胶棒和拉拔器使用。

（4）修复气囊　修复气囊的作用是用来汽车车门及双层部位扩张，如图 3-1-8 所示。

使用方法：插入车门玻璃缝隙等缝隙小的部位充气扩张，车门玻璃扩展需配合玻璃防护垫板使用，插于玻璃护板外侧，进行扩张。

（5）其他辅助修复工具

1）护板。护板的作用是，从车门玻璃处下杠杆工具时，用来保护汽车玻璃，防止工具划伤汽车玻璃表面，如图 3-1-9 所示。

图 3-1-8　修复气囊

图 3-1-9　护板

使用方法：先将汽车车门玻璃降到最低，将玻璃护板插于车门玻璃外侧，升起车门玻璃，检查玻璃护板是否插于车门玻璃外侧，防止玻璃护板插于车门内侧玻璃。需配合修复气囊和杠杆工具使用。

注意事项：有的车型车窗玻璃是双层的，双层玻璃不可以使用垫板下杠杆工具，一般的车窗玻璃都是单层的。

2）车门支撑杆。用来支撑车门、机盖和行李舱，如图 3-1-10 所示。

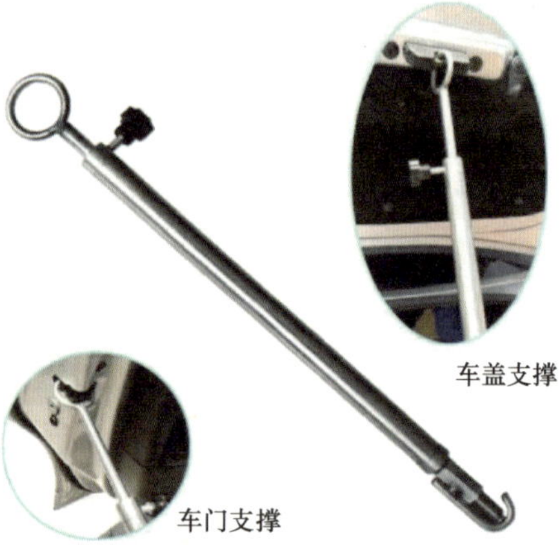

图 3-1-10 支撑杆

使用方法：在修复时方便支撑车门和机盖，并且可以任意调节高度方便施工。

3）辅助挂环。挂环适用于机盖和行李舱。杠杆修复时，找不到合适支点的情况下使用，如图 3-1-11 所示。

使用方法：车身上找到合适的工艺孔，将带有挂钩一头的挂环挂在工艺孔内，杠杆工具穿过挂环，利用挂环为支点。

4）整平笔。整平笔大小规格不同，适合处理修复过程中大小不同凸起的点位，如图 3-1-12 所示。

图 3-1-11 辅助挂环

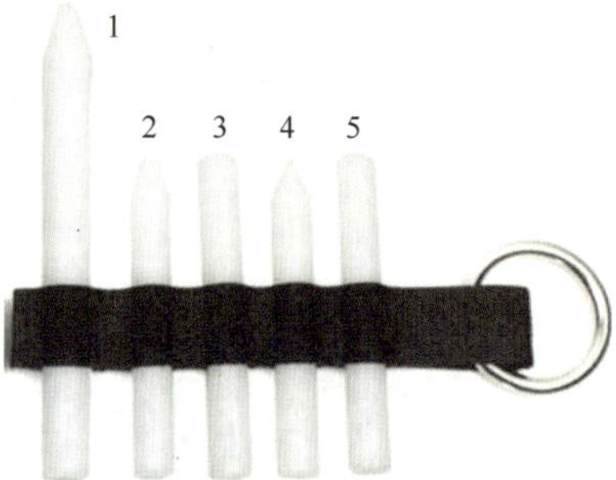

图 3-1-12 整平笔

使用方法：整平笔需配合橡胶锤使用，处理凸起的点位，力度上需由轻逐步加力。

1 号整平笔：6mm 平面整平笔，适合扩坑及振坑。

2 号整平笔：10mm 弧面整平笔，适合较大凹坑边缘凸起整平。

3 号整平笔：15mm 圆弧形整平笔，适合大面积凹陷边缘凸起及大面积凸起整平。

4 号整平笔：点状凸起整平笔。

5 号整平笔：12mm 圆头整平笔，适合较大面积凹坑的凸起整平。

胶枪、胶棒、除胶铲、除胶剂，如图 3-1-13 所示。

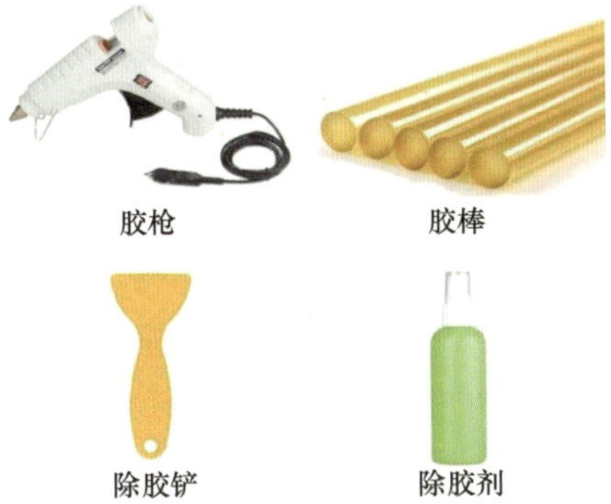

图 3-1-13　胶枪、胶棒、除胶铲、除胶剂

2. 常用的修复方法

（1）点位操作技术要领

1）看点：杠杆工具到达的位置。

操作方法：利用杠杆工具在车身上找到支点，通过挤压工具头前端，观察钢板漆面是否有稍微高起的凸点（即杠杆工具头的位置），如果漆面没有变化，则继续给杠杆工具施加力度，直到漆面有稍微明显的凸点后停止加力（杠杆工具头的位置），如图 3-1-14 所示。

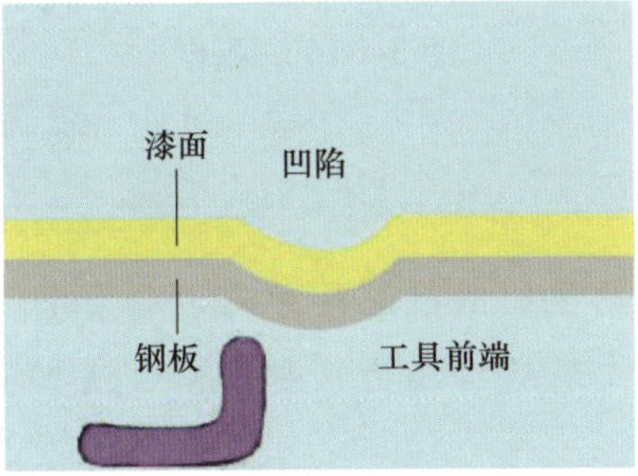

图 3-1-14　看点

2）找点：移动杠杆工具达到凹陷位置。

操作方法：根据凹陷的具体位置从凹陷位置的左边（或右边），通过观察

杠杆工具到达的位置（漆面变化）移动杠杆工具，一个点位一个点位向凹陷位置移动，如图 3-1-15 所示。

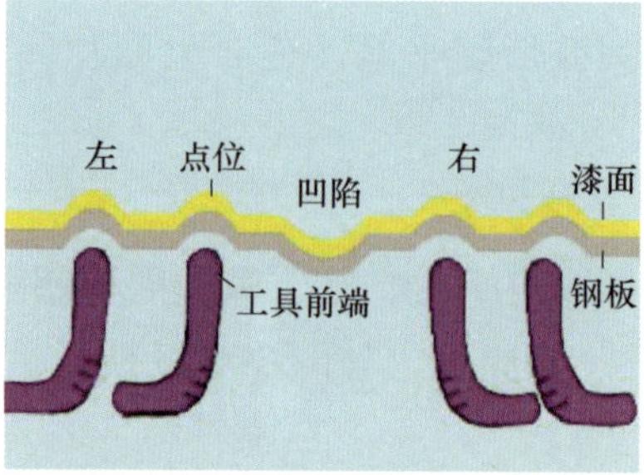

图 3-1-15 找点

注意事项：

不建议前后方向找点。任何物体都分为前、后、左、右四个方向，凹陷也是一样。在凹陷修复中，整平灯永远在凹陷前方，眼睛在凹陷后方，如果凹陷和整平灯之前有一个高点，就无法看清后面的凹陷。

3）顶点：利用杠杆工具将凹陷顶平。

操作方法：通过找点将杠杆工具移动至凹陷的最深处，杠杆工具手柄施加压力，通过挤压杠杆工具前端将凹陷顶平，如图 3-1-16 所示。

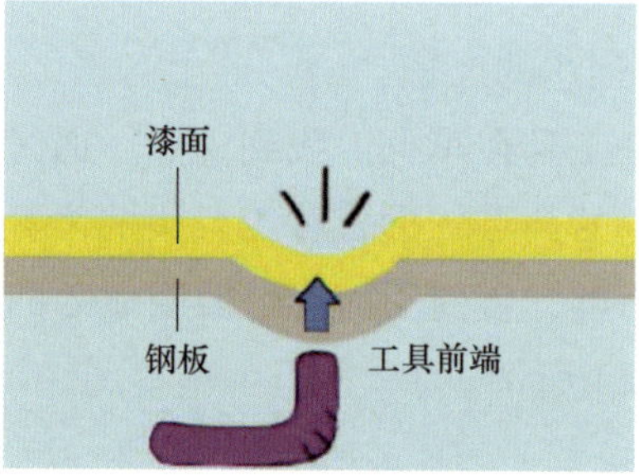

图 3-1-16 顶点

注意事项：

杠杆工具必须移动至凹陷最深处才可以给杠杆工具加力，不可移动至凹陷边缘就给杠杆工具施加压力顶起凹陷，浅凹陷顶平之后，凹陷最深处会变得更难修复。

点位是凹陷修复的基础，也是重要部分。定位练习的目的是杠杆工具顶点的准确度和力度的控制。点位练习不好，凹陷就无法修复，所有的凹陷都是由点位组成的。

点位操作注意事项：看点找点的过程知道工具位置即可，注意控制力度，不可在实训板件上顶出高点；杠杆工具加力需由轻逐步加力，力量过大漆面会爆漆。

点位的练习需配合整平灯、整平笔、橡胶锤操作。

（2）整平灯的使用方法及技术要领 在凹陷修复中，整平灯占凹陷修复的70%，没有整平灯，凹陷修复就属于传统钣金。

汽车凹陷修复整平灯又叫作凹坑修复检测仪。由于受观察角度的影响，修复技师如果不借助灯光照射，无法准确地判断车身凹陷位置和凹坑大小，影响整平修复效果。因为整平灯的灯光照射在车身凹陷处时，可以通过观察光线折射情况来判断凹陷的位置、大小和检测凹陷的修复效果。整平灯主要由电源线、灯管、反光板、万向节和支架组成，如图 3-1-17 所示。

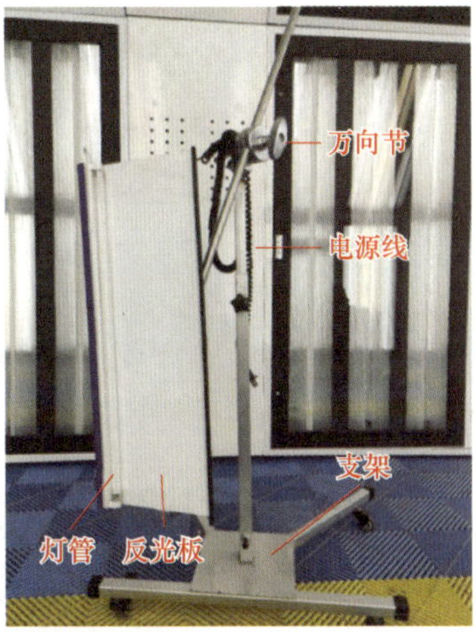

图 3-1-17　整平灯

反光板的作用：整平灯的光源通过反光板折射到车身凹陷位置，用来观察凹陷位置。

灯管的作用：利用灯管观察点位的高低。如果凹陷点位高了，灯管移动至点位位置，灯管会变形，点位高的地方会聚光，如图 3-1-18 所示。

如果凹陷点位低了，灯管移动至点位位置，灯管会变形，点位低的地方会散光，如图 3-1-19 所示。

图 3-1-18　高点

图 3-1-19　低点

整平灯摆放角度：整平灯的摆放角度为眼睛、凹陷、整平灯成 180°，角度不能达到 180°，也要近似于 180°，如图 3-1-20 所示。

图 3-1-20　整平灯的摆放角度

整平灯尽量往后摆放，直到在反光板中看不清凹陷，停止移动，再将整平灯向前移动一点能看清凹陷位置，如图 3-1-21 所示。

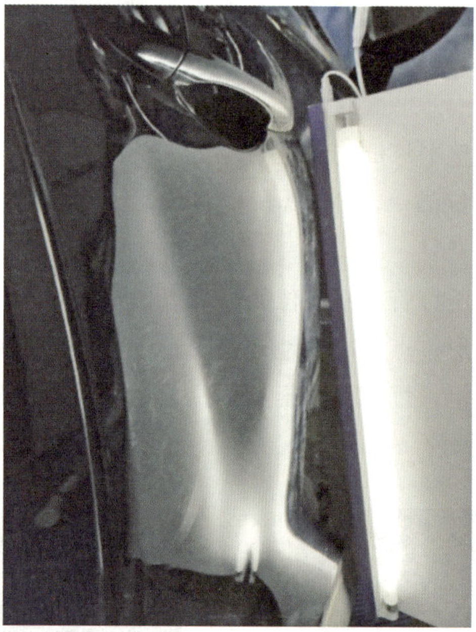

图 3-1-21　整平灯的调整

如何摆放整平灯位置：整平灯位置要根据凹陷的实际情况摆放，整平灯灯管反光板要与凹陷呈水平位置，不能平行也要近似平行，尤其是长条凹陷。

技术要领：在凹陷修复中，先需看清凹陷才能进行修复，凹陷位置必须是亮的。

（3）黏结介子拉拔修复　黏结介子拉拔修复是将涂胶后的尼龙介子与车身凹陷表面进行黏结，再使用拉拔工具对介子进行拉拔作业，最后凹陷部位被修复且表层油漆不会受到破坏，如图 3-1-22 所示。

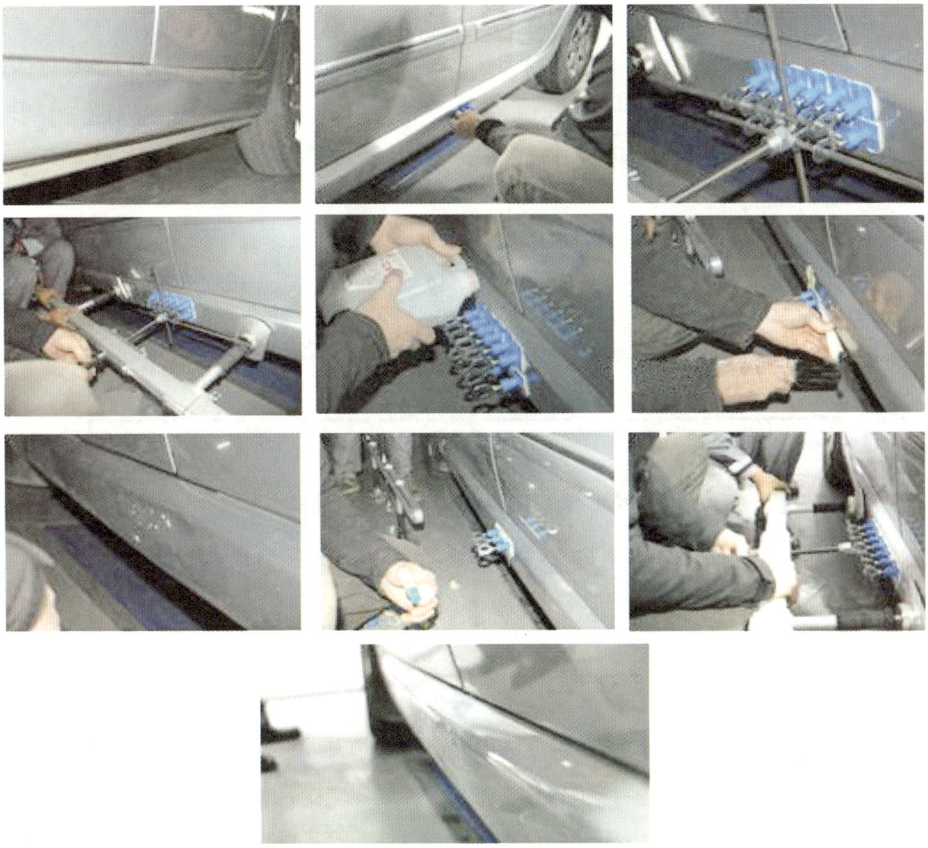

图 3-1-22 黏结介子拉拔修复

3. 凹陷修复技术要领

（1）汽车车身凹陷定义 汽车车身凹陷是指汽车车身受外力影响，在车身上形成大小、深浅不同的坑瘪，即汽车车身凹陷，如图 3-1-23 所示。

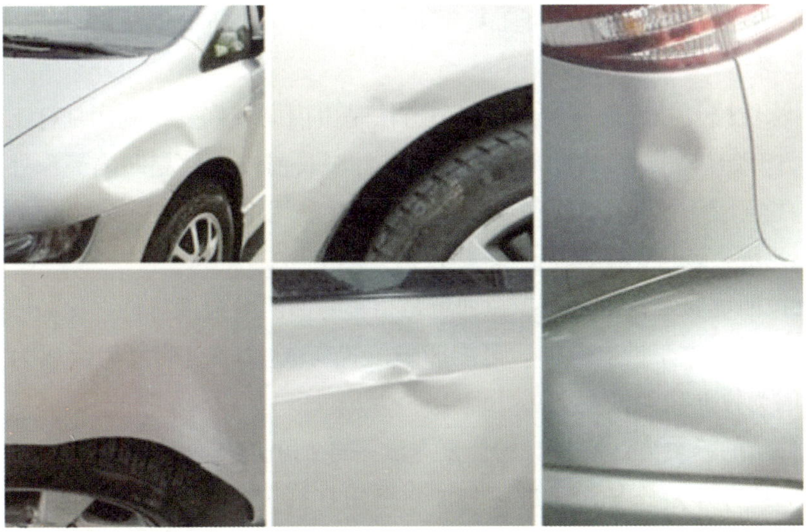

图 3-1-23 车身凹陷

（2）汽车车身凹陷修复原理及基本过程

1）车身凹陷修复的原理：根据凹陷形态、大小及位置，选择形状合适的撬杠，寻找恰当的支点，利用杠杆原理，挤压工具前端，将凹陷处一步步挤压，直到基本恢复至车身原来的状态，如图 3-1-24 所示。

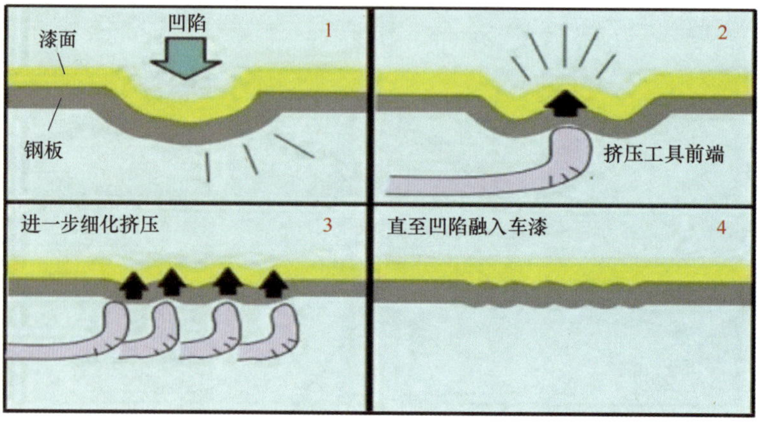

图 3-1-24 车身凹陷修复原理

2）凹陷修复的基本过程：确认凹陷位置→确定整平灯摆放的位置及角度→根据凹陷情况选择适合的工具→确定修复时的支点→大体修复→漆面处理→精确修复→漆面处理→变换角度检验修复直至满意为止。

（3）凹陷的基本类型

1）汽车凹陷按照形态分为浅坑、深坑、死坑、拉伸坑、长条坑。

① 浅坑修复技术要领：浅坑修复方法由外向内修复。利用杠杆工具从最浅的地方开始修复，修复至浅坑的中心位置。具体做法为：使用杠杆工具通过找点的方式，将杠杆工具移动至未修复凹陷的最深处，通过逐步加力挤压杠杆工具前端，顶起凹陷，移动杠杆工具至下一个凹陷处，一步步细化，最后利用灯管找平。

② 深坑修复技术要领：深坑修复方法是由内向外修复，利用杠杆工具从最深的地方开始修复，通过逐步加力挤压杠杆工具前端，顶起凹陷最深处，移动杠杆工具至下一个凹陷处，一步步细化，最后利用灯管找平。

③ 死坑：死坑凹陷是无法修复的。

④ 拉伸坑修复技术要领：拉伸坑是指车身凹陷处过度拉伸，比如凹陷位置大小为 10cm，由于铁皮拉伸，可能凹陷位置变成 12cm，修复后会成为一个小鼓包，因为拉伸后的铁皮无法处理。

拉伸坑的修复方法和深坑的修复方法一样：由内向外修复，利用杠杆工具从最深的地方开始修复，通过逐步加力挤压杠杆工具前端，顶起凹陷最深处，移动杠杆工具至下一个凹陷处，一步步细化，最后利用灯管找平。

⑤ 长条坑修复技术要领：长条坑修复方法和深坑的修复方法一样，唯一不同的是长条坑需要分段修复。比如 10cm 的凹陷平分为 4 段，先修复第 1 段，再修复第 2 段、第 3 段、第 4 段。

注意事项：

长条坑第 1 段必须修平，因为修复第 2 段是以第 1 段修复的效果为基准，以此类推，修复第 3 段、第 4 段。

2）汽车凹陷按照结构分为单层凹陷、夹层凹陷和双层多层凹陷。

单层凹陷与夹层凹陷修复只是选择工具上有所不同，修复方法一样，判断出是深坑还是浅坑，选择对应的修复方法即可。单层凹陷一般选择圆头工具进行修复，夹层凹陷一般选择扁头工具进行修复。双层多层凹陷由于无法使用杠杆工具修复，只能通过拉拔的方式进行修复。

3）汽车凹陷按照大小、形状和位置分为圆坑、腰线坑、长条坑、坑中坑、大面积不规则凹陷。

① 圆坑的修复方法：首选判断凹陷的分类是浅坑、深坑还是拉伸坑，选择对应的修复方法：浅坑由外向内修复，深坑由内向外修复。其次判断出凹陷是单层还是夹层结构，选择相应的杠杆工具：单层一般选择圆头工具，夹层一般选择扁头工具，边角一般选择扇形工具。

② 腰线坑的修复方法：首先判断出凹陷是单层还是夹层结构，选择相应的杠杆工具：单层选择圆头工具，夹层选择扁头工具，边角选择扇形工具。其次选择合适的修复方法：腰线的修复方法一般是先将腰线修复出来，再修复上下两个面。

③ 坑中坑的修复方法：首先判断出凹陷是单层还是夹层结构，选择相应的杠杆工具：单层选择圆头工具，夹层选择扁头工具，边角选择扇形工具。坑中坑的修复方法：首先将内坑修复出来，再修复外坑。内坑一般为深坑，按照修复深坑的方式修复，修复至与外坑合二为一变成一个坑。外坑一般为浅坑，按照浅坑的修复方式修复。

④ 大面积不规则凹陷的修复方法：首先，判断凹陷周围是否有凸点或者褶皱，如果有凸出的部分先用整平锤将凸出的部分打掉，目的是卸载应力，再利用吸盘和拉拔器将大致形状修复出来。其次，根据凹陷的类型、结构、大小、形状、位置选择合适的修复方法和正确的杠杆工具。

活动二　施工前准备

1. 工具、设备

施工所需工具，见表 3-1-1。

表 3-1-1 工具清单

杠杆工具	数量	拉锤工具	数量	辅助工具	数量
单层长杆手工具	13 根	拉拔器	1 个	车门支持架	9 个
双层短杆工具	17 根	钳式拉拔器	1 个	边角挂板	1 个
整平灯组	1 组	去胶液	1 瓶	挂环	2 个
磁吸式整平灯	1 组	胶棒	6 根	修复锤	1 把
支架式整平灯	1 组	不同规格吸盘	90 个	双层支撑架	4 个
修复气囊	1 个	拉桥修复器	1 组	真空吸盘	1 个
除胶刀	1 把	胶枪	1 把	不同规格整平笔	7 根
玻璃护板	1 个	除胶铲	1 把		

2. 防护工具

车辆挡块、车内三件套、干净抹布、工作服、工作帽、安全鞋、棉手套、护目镜、耳塞、口罩等。

3. 实训器材

故障车一台、工具车、零件车、垃圾桶、工作台等。

场地准备：施工场地干净整洁，无杂物，设备工具摆放整齐，如图 2-1-3 所示。

4. 人员准备

穿戴整洁，做好防护。作业开始前，维修人员需穿戴好所有的安全防护用品，防止操作中设备出现问题而伤害身体。

活动三 施工

1. 清洗表面

首先用干净的毛巾清洗凹陷表面，并用浓度为 95% 的酒精清理一下垫片，去除脏污和灰尘，查看垫片表面是否有残胶，摆放整平灯，如图 3-1-25 所示。

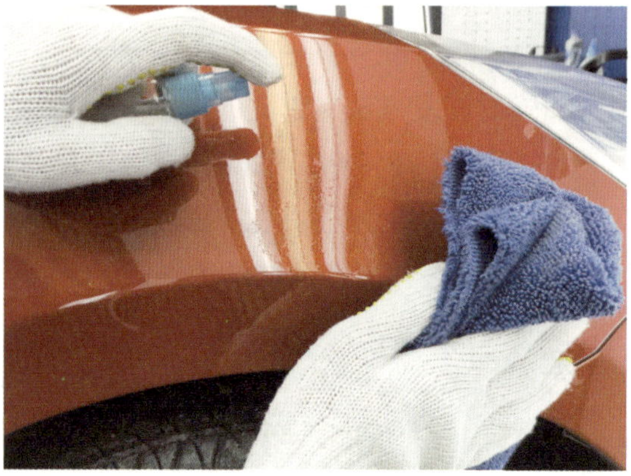

图 3-1-25 清洗表面

注意事项：

如果车漆表面做过漆面养护（打蜡、镀晶），表面附着力低，可以用毛巾配合柏油清洗剂擦拭车身表面。

2. 准备胶枪

把胶棒装入热熔胶枪中，插上电，竖着平放，预热约 5min 左右，直到胶液自己从胶枪滴出来的胶黏性最强，如图 3-1-26 所示。

图 3-1-26　预热胶枪

3. 选择垫片

根据凹陷大小选择合适的拉拔垫片（拉拔垫片一定要比凹陷小），用胶枪在选好的拉拔垫片上均匀地涂满热熔胶，如图 3-1-27 所示。

图 3-1-27　选择垫片

4. 安装垫片

涂上热熔胶之后迅速将拉拔垫片安装至凹陷中心位置，轻轻按压直到稍微凝固后松手，如图 3-1-28 所示。

图 3-1-28　安装垫片

注意事项：

最佳拉拔时间是用手指触摸热熔胶表面，热熔胶表面有余温，手指粘热熔胶向外拉动有拉丝的状态，热熔胶黏度最高。热熔胶如果等待时间太长，胶性太脆没有吸力，如果等待时间太短，热熔胶没有完全凝固，同样没有吸力。

5. 安装拉锤式拉拔器

将 T 形拔头卡住拉拔吸盘，左手握住手柄，右手握住滑动块，沿轴向将拉锤向车体外撞击，如图 3-1-29 所示。

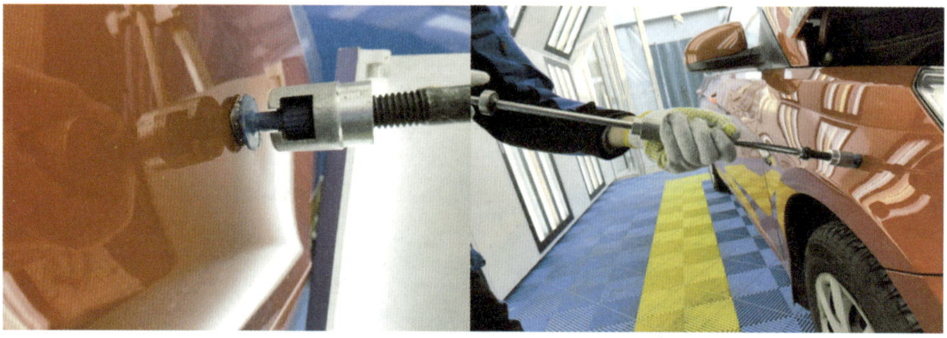

图 3-1-29　安装拉锤式拉拔器

6. 清理残胶

修复后，再用酒精喷洒在车体残胶上，用残胶铲清理表面附着的残胶，如果凹陷被拉高了，可以借助整平笔和整平锤把凹陷部位找平直至修复完成，如图 3-1-30 所示。

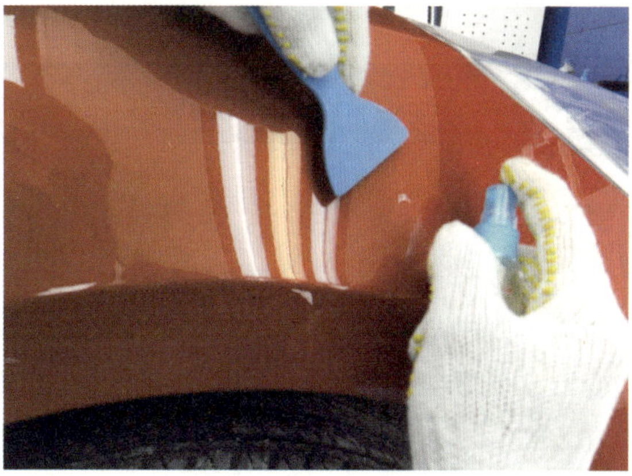

图 3-1-30　清理残胶

7. 整理工具

将使用过的实训工具整理清洁干净，胶枪需等待自然冷却后回收放置。

注意事项：

实训结束后需对实训场地及周围卫生清理干净，关闭电源开关，电源插排归位，培养 7S 工作理念。

活动四　检查验收

同学们进行操作，由老师对同学们的操作进行考评，按照表 3-1-2 进行评分。

表 3-1-2　车身翼子板凹坑的免喷漆修复考核评分表（100 分）

考核时间	考核项目	配分	评分标准	得分
45min	安全防护	10	未按照要求穿戴防护用品，每项扣 2 分，共 10 分	
	操作过程	80	垫片选择不合适，每次扣 5 分，共 15 分 拉拔工具的安装、使用不规范，每次扣 5 分，共 20 分	
			凹坑修复未达到要求，每处扣 10 分；拉拔出现高点，扣 20 分	
	7S 整理	10	操作完毕后，7S 不标准，扣 1~10 分	

活动五　交接给喷涂技师

由喷涂技师检查是否符合喷涂要求，如果符合直接喷涂，如果不符合经过再次加工，直至符合喷涂要求为止。

任务二 汽车保险杠（塑料件）的修复

任务描述

张女士的车在转弯过程中与违章电动三轮车发生剐蹭，在此次事故中，前保险杠有多处凹陷变形，严重变形处出现裂纹，前照灯支撑架断裂，导致前照灯有所松动。经检查，需要对前保险杠进行拆解，利用塑料件修复工艺对凹坑及断裂处进行修复作业。

任务目标

素养目标	能力目标	知识目标
1）通过自主查阅资料，培养学生自主学习能力与分析能力 2）通过分组学习，培养学生合作能力与解决问题的能力 3）通过规范操作，培养学生爱岗敬业、科学严谨的职业素养	1）能自主查阅相关维修技术资料获取车身塑料件材质的信息 2）根据任务要求和实际情况，小组合作，对车辆的损坏进行分析并制订维修方案 3）能按照企业规范正确操作维修设备，修复损坏部件	1）了解塑料件的材质特性 2）了解维修设备的使用注意事项 3）掌握塑料件常用的修复方法

活动一　知识准备

1. 常见车身塑料件

车辆轻量化是在保证性能的前提下通过使用更轻材料减轻车重，从而实现节能环保的功能。汽车轻量化大致可以分为车身轻量化、发动机轻量化、底盘轻量化三类。车身轻量化的材料有高强度钢及各种合金材料，另外，被广泛应用的还有塑料。

塑料是一种高分子的合成材料，塑料与钢铁相比具有强度高、重量轻、耐蚀性极强、易于着色、一定的装饰性、容易加工等特点。

塑料以其优越的性能广泛应用于汽车领域中，用量从 20 世纪 70 年代的约 50kg/辆迅速上升至目前约 150kg/辆，并且在持续增长中。

通常情况下，塑料件的轻微变形或者裂缝都可以通过塑料件修复技术将其修复。车身塑料件可修复范围：汽车前后保险杠、汽车塑料地板槛、前照灯支撑架、反光镜灯壳、内饰卡扣底座等，如图 3-2-1 所示。

图 3-2-1　车身塑料件

2. 汽车结构中常见的塑料件分类

1）热塑性塑料：可以通过加热反复地软化和变形，而其化学成分不会发生变化。在加热时变软或熔化，而在冷却时变硬。热塑性塑料件的损坏可以用塑料焊机进行焊接维修，也可以进行黏结维修。

2）热固性塑料：在热量、催化剂或紫外线的作用下会发生化学变化，硬化后形成永久形状，不能通过反复加热和使用催化剂改变它的形态。热固性塑料件的损坏不能用焊接方式来维修，一般用黏结的方式来进行维修。

3）新型复合塑料：为了获得特定的性能，有时将不同的塑料和其他成分混合在一起就形成了一种新型复合塑料，如玻璃纤维加强型复合塑料，通常称为片状模塑料（SMC）。

3. 塑料件的识别

（1）编号识别法

1）识别塑料件背面的国际标准符号或 ISO 码，如图 3-2-2 所示。

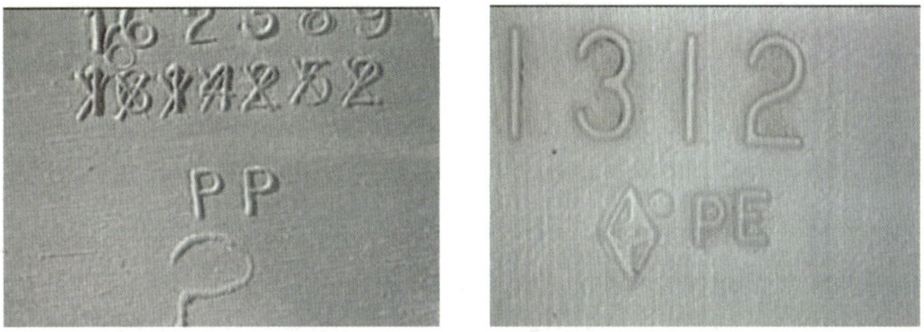

图 3-2-2　塑料件背面的国际标准符号

2）利用汽车维修手册。有的生产商编写的汽车维修手册上给出了每个塑料件的塑料种类，但也有的生产商只给出该车应用塑料的类型。

（2）测试识别法

1）燃烧测试法。热固性塑料燃烧时不会产生熔滴，热塑性塑料燃烧时会产生熔滴。

2）黏结测试法。试用不同的焊条，直到一种能够黏住为止。一旦发现焊条黏结在塑料件上，就确定了塑料的基本材料。可用该焊条修补塑料件。

（3）挠性测试法 将修理用的塑料制成试件，并与塑料件的样本共同进行弯曲测试。

热固性塑料在弯折后不能完全恢复形状，如图 3-2-3 所示。

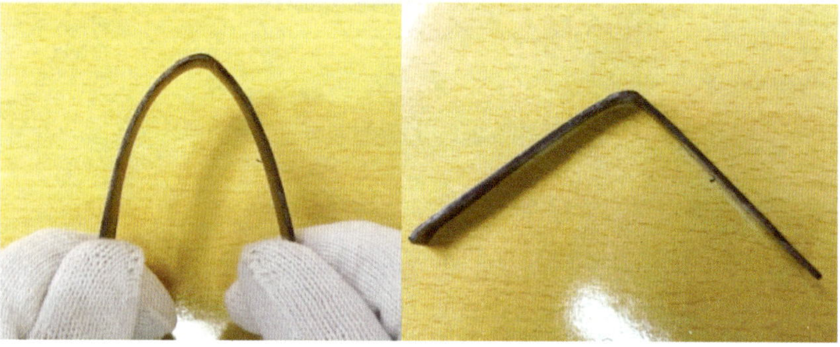

图 3-2-3 热固性塑料

热塑性塑料弹性较好可以恢复形状，如图 3-2-4 所示。

图 3-2-4 热塑性塑料

（4）敲击法 用手敲击塑料制品内侧，PU 塑料声音较弱，PP 塑料声音较脆。

其他简易鉴别法：如砂纸打磨法，PU 塑料用砂纸打磨后没有粉末，而 PP 塑料用砂纸打磨后有粉末。PU 塑料易被划伤，PP 塑料不易划伤等。

4. 塑料件的常用修复方法

车用塑料件损坏后在汽车修理过程中一般有两种修理方案：一种是更换；另一种是修复。具体采用哪种维修方案，根据损坏的程度而定。

维修塑料件时要先进行评估，确定该零部件应维修还是更换。

如果在弧形接板或大的塑料板上有小的裂缝、撕裂、凹槽或孔，而这些部件更换成本较高，则维修是合理的。如果部件大面积损坏，或者翼子板喇叭口、塑料装饰件等价格便宜的部位发生损坏，则进行更换是合理的。

(1) 黏结修复法 常用的黏结方法有溶剂黏结、氰基丙烯酸酯黏结、双组分胶黏结法。

1）溶剂黏结方法：把丙酮或乙酸乙酯滴在结合部位的边缘处，直到材料溶解为止（在呈糊状时材料就结合在一起了）。此方法用于车顶灯座、侧灯座等小件维修，聚丙烯、聚乙烯塑料板件不能使用此方法，因为丙酮不能溶解这些材料。

2）氰基丙烯酸酯黏结法：氰基丙烯酸酯（CA）是一种单组分快速固化黏合剂，用来维修塑料件。它们经常在涂敷最后的维修材料之前使用，当作填料或将各个部分固定在一起。氰基丙烯酸酯也称为“超级胶”，能快速黏合塑料件。

3）双组分胶黏结法：双组分黏合剂由基底树脂和硬化剂（催化剂）组成，树脂装在一个容器中，硬化剂装在另一个容器中。混合后，混合剂可以在零件上固化，并与基底材料连接。在许多塑料件的维修过程中，双组分黏合剂可以代替焊接，而且比单组分氰基丙烯酸酯强度更高。

黏合剂使用注意事项：不同的黏合剂不能混用。选定一个产品系列，在整个维修过程中都使用它。产品系列通常包括黏合促进剂、填充剂和挠性涂料，根据说明使用每一种产品。

塑料件热塑成形修复原理：利用烤枪在变形部位周围进行烘烤，等待塑料件稍微变软后，立刻用手（佩戴手套）从变形部位背面进行按压校正。

(2) 塑料件焊接修复 焊接修复分为塑料焊枪修复和塑料焊机修复两种。

塑料焊枪修复原理：利用塑料焊枪高温将塑料焊条熔化填入塑料件裂缝中，冷却后与塑料件融合，如图 3-2-5 所示。

塑料焊机修复原理：利用塑料焊机将钨钢做成的钉子，通过给钉子供电，钉子发热发红后植入塑料裂缝中，等待钉子冷却后和塑料融为一体，如图 3-2-6 所示。

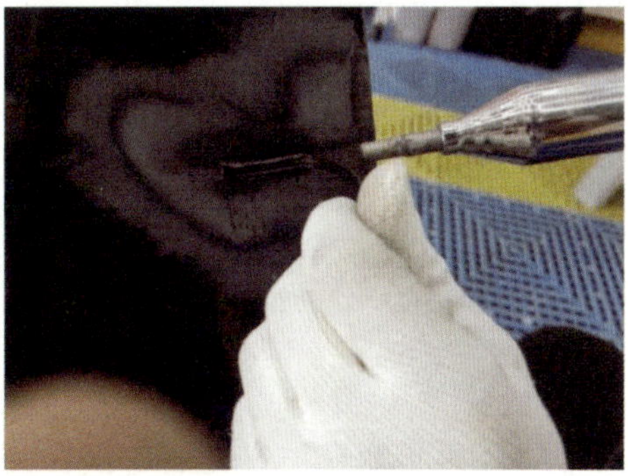

图 3-2-5 塑料焊枪

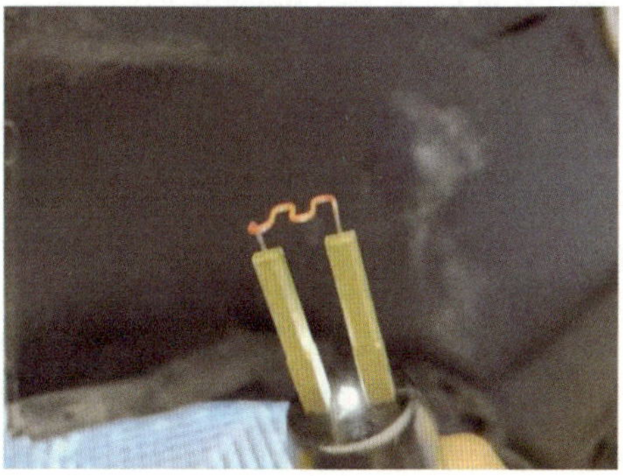

图 3-2-6 塑料焊机

5. 保险杠的基础知识

（1）保险杠的作用 汽车前保险杠主要起到保护前车身的功能，但对轿车车身而言，还要追求车身造型的和谐统一，追求自身的轻量化。同时，塑料保险杠还要具有足够的强度和刚性，当汽车发生碰撞时能起到缓冲的作用，以起到保护前车身及乘客安全的作用。

（2）保险杠的结构 汽车前保险杠由外板（外壳）、缓冲材料（吸能装置）和横梁（防撞梁或加强件）三部分组成。其中，外板和缓冲材料用塑料和泡沫制成，横梁（俗称为防撞梁）用厚度为 1.5mm 左右的冷轧薄板冲压成 U 形槽，少数高档汽车采用铝合金制成。外板和缓冲材料用卡扣等安装在车身附件上，横梁与车身纵梁采用螺栓连接，为维修方便，可以随时拆卸，如图 3-2-7 所示。

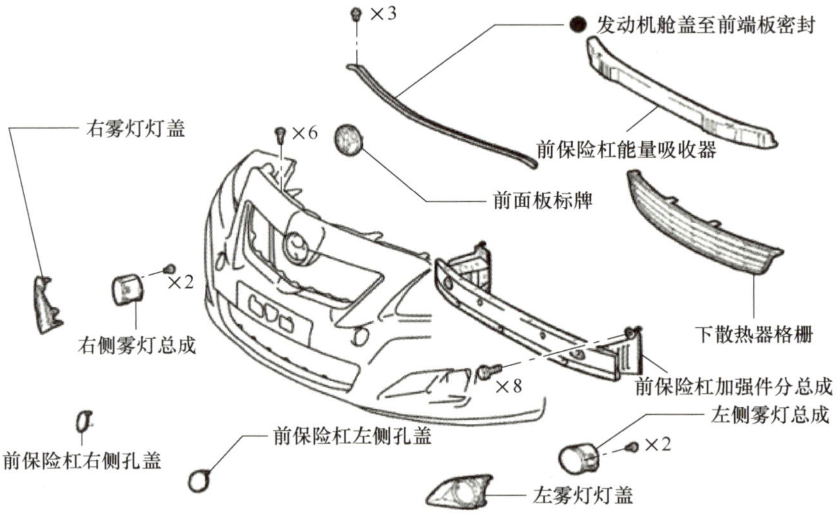

图 3-2-7 前保险杠的结构

（3）保险杠固定方式 前保险杠的固定位置有多种形式，有由下而上固定方式，如丰田系列和本田系列；有侧面固定方式，如货车、皮卡车、吉普车等；有发动机舱内侧固定方式，如桑塔纳轿车等；有正面固定方式，如奔驰系列等。

后保险杠一般都是自下而上的安装方式，大多是安装在行李舱下面的纵梁上，由左右安装支架上的两个螺栓固定，但也有少数是从侧面固定的。

活动二 施工前准备

1. 工具、设备

常用工具一套、塑料焊枪、塑料焊条、塑料焊机、塑料植钉、电烙铁、大力钳、小刀、砂轮机、风枪、电热吹风机、塑料清洗剂和铝箔胶带等。

（1）烤枪　烤枪是由电能转化成热能，通过调节温度开关来控制温度的，用来修复汽车保险杠微变形的实训设备，如图 3-2-8 所示。

（2）砂轮机　砂轮机用来去除保险杠表面油漆涂层和保险杠破损处的毛刺边缘，如图 3-2-9 所示。

图 3-2-8　烤枪

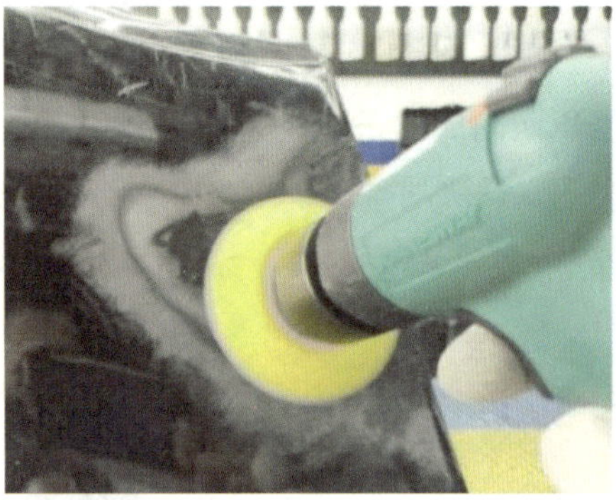
图 3-2-9　砂轮机

（3）电烙铁　电烙铁用来先将破损保险杠内部的裂缝烫化，起到固定破损处的作用，如图 3-2-10 所示。

注意事项：

1）不可直接用手触摸电烙铁前端，以免烫伤。

2）不可直接将电烙铁对准人和可燃物品。

3）使用完毕后，需等完全自然凉透后保管放置。

（4）塑料焊枪　塑料焊枪主要用来通过加热塑料焊条，使塑料焊条达到熔化和黏结的作用。

塑料焊枪实际上相当于烤枪，两者的主要区别在于，焊枪的出风口比烤枪小得多，焊枪口喷出的热量更集中，风速更高，如图 3-2-11 所示。

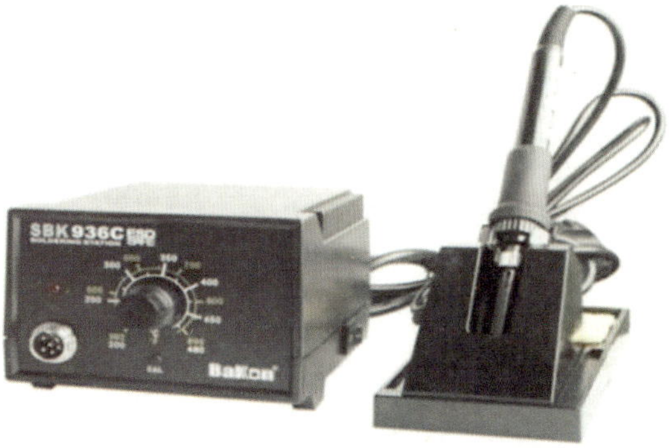

图 3-2-10　电烙铁

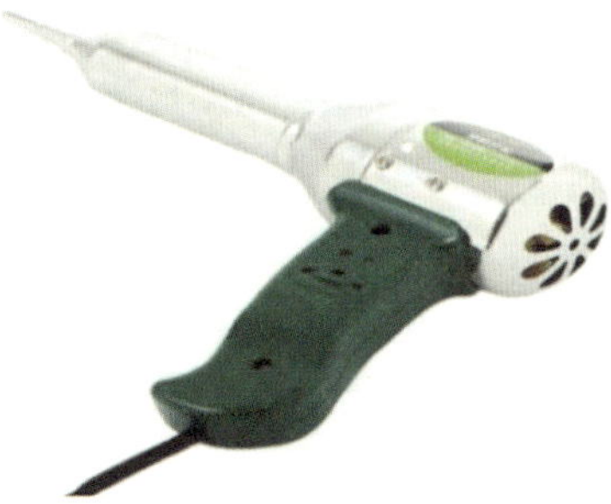
图 3-2-11　塑料焊枪

注意事项：

1）不可直接用手触摸焊枪前端（烤嘴），以免烫伤。

2）不可直接将电烙铁对准人和可燃物品。

3）使用完毕后，需等完全自然凉透后保管放置。

（5）塑料焊条 塑料焊条（PP 焊条）采用 PP 原材料经过高温、熔化、挤压而制成的条状物。其特性：熔化快、黏性强、耐酸碱、耐腐蚀、无毒，如图 3-2-12 所示。

图 3-2-12 塑料焊条

注意事项：

塑料焊条根据材质分为 PVC、ABS、PE 、PP、PPR 材质。由于汽车塑料件多数采用的为 PP 材质，根据相应的材质选择 PP 焊条，材质不同，则不相熔，见表 3-2-1。

表 3-2-1 常见的焊条种类

焊条种类	PP（白色/黑色）	PE（白色）	ABS（米黄色）	PVC（灰色）	PPR（白色）
化学名称	聚丙烯	聚乙烯	丙烯腈、苯乙烯共聚物	聚氯乙烯	无规共聚聚丙烯
适用范围	汽车保险杠 汽车前照灯后塑料壳 汽车前后挡板 电瓶车蓄电池外壳 摩托车内板 PP 塑料管道 洗衣机内筒	化工桶 大型垃圾桶 PE 塑料管道 啤酒箱 物流周转箱 餐饮周转箱 叉车托盘	汽车内饰板 汽车中控台 电冰箱外壳 洗衣机外壳 摩托车外壳 计算机外壳	PVC 塑料水槽 PVC 管道 PVC 线槽 PVC 塑钢门窗	住宅管道 工业管道 医学管道

（6）塑料焊机 塑料焊机是一款手持式塑料修复机，优点在于无噪声、无污染，可以应用于不同角度、不同形状位置的破损，通过改变植钉形状和焊枪

头植钉方位进行修复，如图 3-2-13 所示。

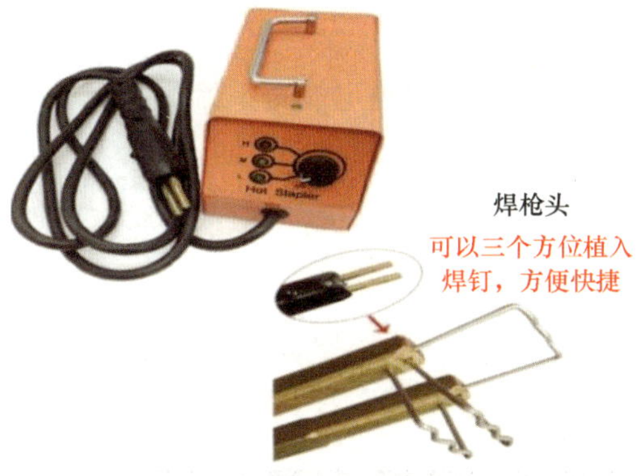

图 3-2-13　塑料焊机

(7) 塑料植钉　塑料植钉（焊钉）的规格为 0.6mm、0.8mm，材质为钨钢，其特性强度高、耐腐蚀。塑料植钉如图 3-2-14 所示。

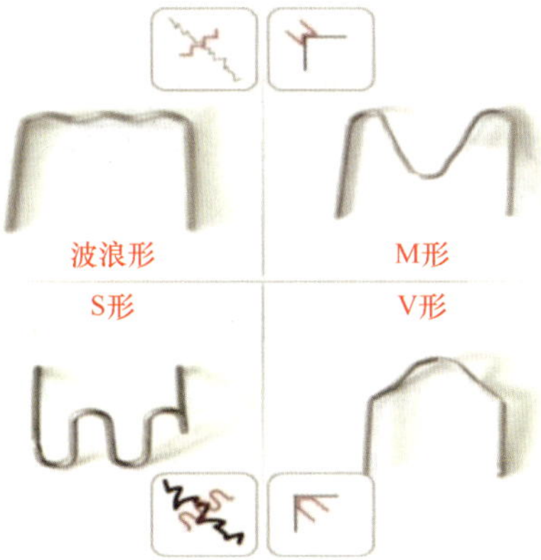

图 3-2-14　塑料植钉

2. 防护工具

车辆挡块、车内三件套、干净抹布、工作服、工作帽、安全鞋、棉手套、护目镜、耳塞和口罩等。

3. 实训器材

故障车一台、工具车、零件车、垃圾桶和工作台等。

4. 场地准备

施工场地干净整洁，无杂物，设备工具摆放整齐，如图 2-1-3 所示。

5. 人员准备

穿戴整洁，做好防护。作业开始前，维修人员需穿戴好所有的安全防护用品，防止操作中设备出现问题而伤害身体。

活动三　施工

1. 前保险杠开裂的修复流程

首先判断塑料件的类型，以便确定能否采用焊接方式修复，选择何种焊条修复。

1）塑料变形修复。使用红外灯或电热吹风机加热变形部位背面及其周围，然后用手将变形部位修正回原形。

2）使用锋利的小刀或砂轮机在损伤部位开 V 形槽，坡口角度为 60°左右，如焊件较厚侧开 X 形槽，坡口宽度约为 6mm，如图 3-2-15 所示。

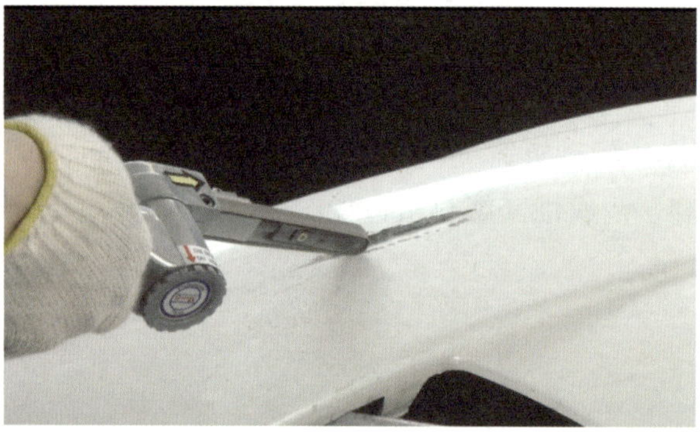

图 3-2-15　对损伤部位开槽

3）用干净的布擦去坡口处的塑料碎屑，注意不要使用塑料清洁剂清理。若损坏比较严重，要用夹子、车身胶带或定位焊将断裂处对齐并固定好，如图 3-2-16 所示。

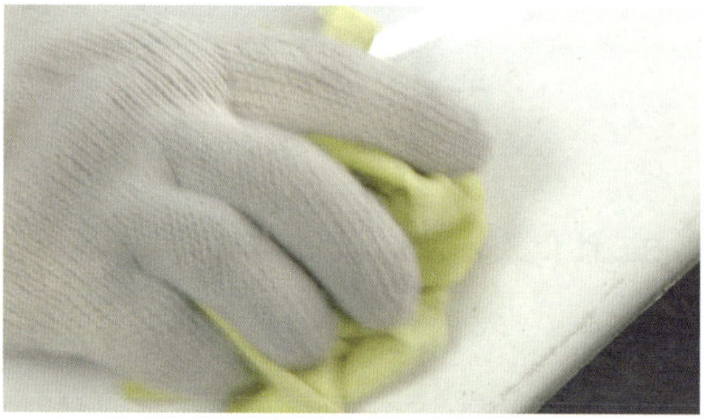

图 3-2-16　清理碎屑

4）选取最合适该塑料及损伤状况的焊条，可选择成品焊条或从同类型报废的塑料件上割下一条作为焊条。

5）选择圆形喷嘴并将其安装到焊枪上。

焊嘴分为定位焊焊嘴、圆形焊焊嘴、快速焊焊嘴，分别用于断裂板件的定位焊、充填小的孔眼或形成的短焊缝的焊接、直而长接缝的焊接。

6）接通压缩空气，并将气压调整到焊枪规定的压力。

7）插上电源插头，开始预热焊枪。在距喷嘴 6mm 处检查热空气的温度，焊接的温度范围应为 204~399℃，若温度不在此范围，应进行调节。

8）起焊。一手拿焊枪，另一手持焊条，使焊条与母材成 90°夹角，摆动焊枪喷嘴，以便同时加热焊条与母材，直到它们发亮、发黏，使焊条和零件熔在一起，如图 3-2-17 所示。

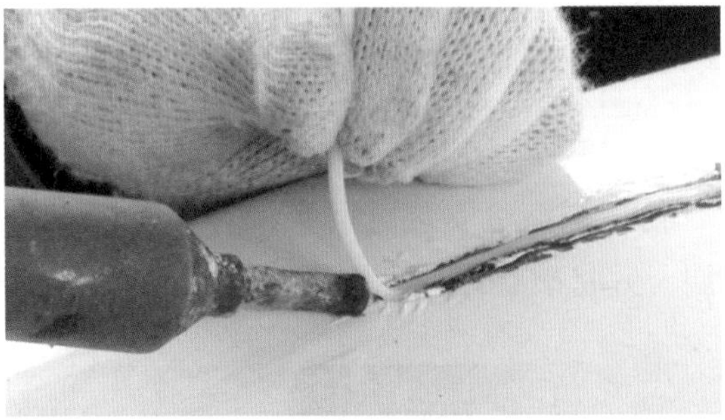

图 3-2-17 起焊

9）连续焊接。采用扇形轨迹移动喷嘴来对焊条和母材进行持续加热，以保证两者的加热程度一致。同时，将焊条压入坡口，以生成连续的焊缝，如图 3-2-18 所示。

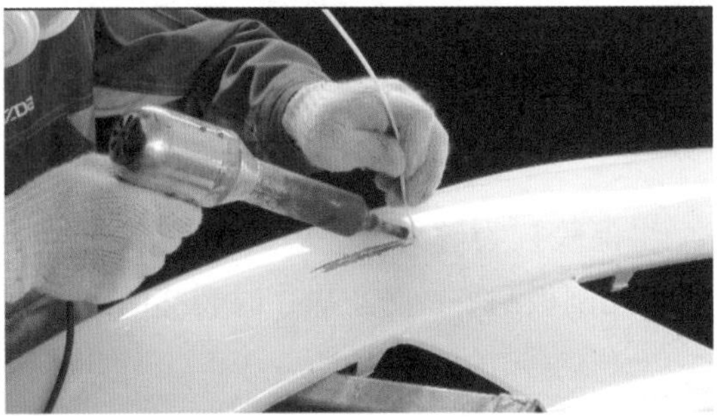

图 3-2-18 连续焊接

10）完成焊接。当达到焊接末端时，静止几秒钟后移开喷嘴，继续对焊接施压并持续几秒钟。

11）断开焊枪的电源，等待一会后再关闭气源。

12）冷却焊缝。焊完后冷却硬化 30min 左右。

13）打磨修整。先用锋利的刀具切割多余的塑料，再用砂轮机配合 P80、P180、P240 号砂纸依次进行打磨，直至达到后道工序的施工要求，如图 3-2-19 所示。

图 3-2-19　打磨修整

2. 前保险杠断裂的修复流程

（1）清洗打磨　使用刻磨机安装打磨头，对保险杠正面开裂处进行打磨，去除表面油漆和涂层，并将破裂的地方修剪成 V 形坡口，如图 3-2-20 所示。

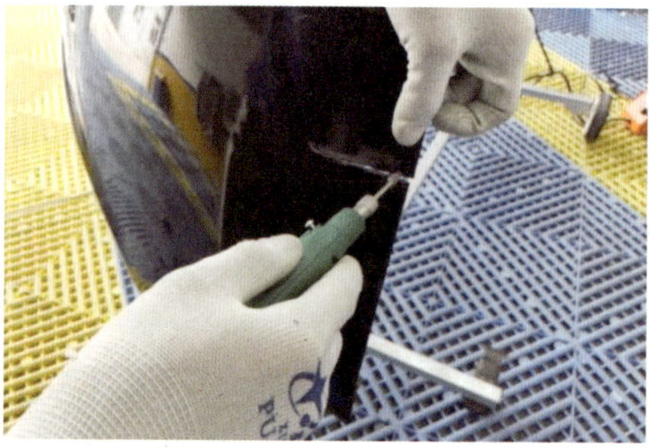

图 3-2-20　清洗打磨

（2）焊前准备　将保险杠裂缝对齐，并用铝箔胶带（耐高温）将保险杠背面裂缝黏贴固定好，用刮板刮平，防止操作时裂缝两边变形不平，如图 3-2-21 所示。

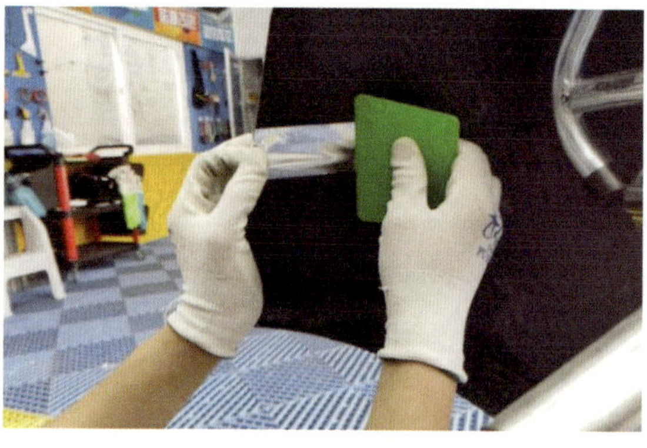

图 3-2-21　黏贴固定

（3）固定裂缝　将准备好的电烙铁插好电，等待电烙铁自动升温，电烙铁可以熔化保险杠温度即可，用电烙铁先将保险杠背面的裂缝烫化固定，如图 3-2-22 所示。

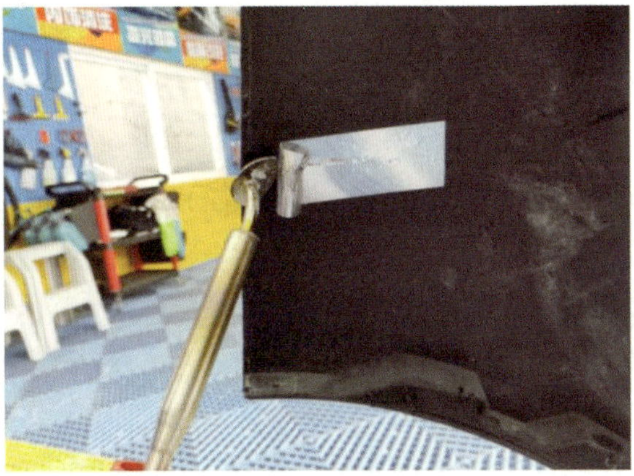

图 3-2-22　固定焊缝

（4）塑料焊枪焊接　将准备好的塑料焊条（材质 PP）用塑料焊枪先将保险杠正面沿着裂缝开始焊接，如图 3-2-23 所示。

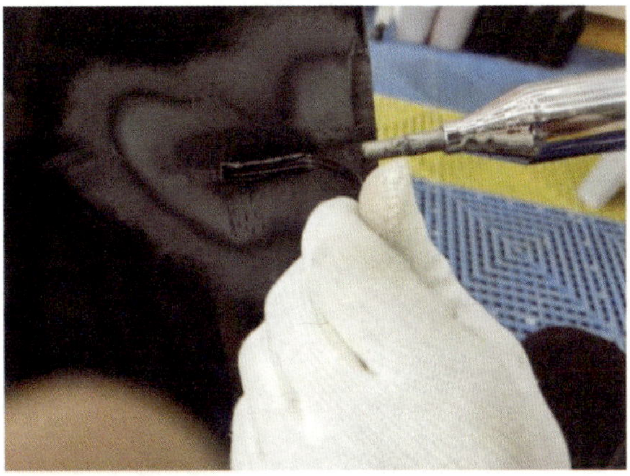

图 3-2-23　正面焊接

1）先将塑料焊条切成 60°的切口。

2）焊接开始时，塑料焊枪前端（烤嘴）与保险杠表面平行，烤嘴离焊缝 15cm 左右，塑料焊枪倾角为 30°。焊条垂直于保险杠，焊条置于裂缝起点，同时将焊条压入 V 形坡口。

3）通过塑料焊枪加热量来调节塑料焊条熔化速度。

4）正常焊接阶段，一只手向焊条施加压力，同时，用塑料焊枪的热量把焊条和保险杠裂缝处加热并保持扇展动作，使之保持适当的平衡。

5）焊条收尾阶段。结束焊接时，宜充分加热焊条和保险杠裂缝的接触区域，停止焊条移动。但还需要对焊条施加一定的压力并保持几秒钟，待冷却到已不能拉动焊条，即可切下多余没有用完的焊条。

塑料焊枪焊接注意事项如下：

1）正确的焊接温度。塑料焊条与保险杠同时被加热到略带亮光并带有黏性，则焊条便会粘住保险杠，对焊条略施压力，焊条就会伸入裂缝中，继续加热，使焊条与保险杠熔为一体。正常焊接时必须维持焊条与保险杠的正确温度，切不可过高，温度过高会引起褶皱，变成棕色，降低焊接强度。

2）焊条必须施压。当焊条被熔入保险杠裂缝中必须对其施加压力，减去压力时可能会将焊条从焊接的裂缝上提起，使空气被裹入焊接区域的底部，最终导致不良的焊接质量。

3）合适的焊接速度。如果焊条熔入焊缝后堆成一团，或焊条在焊接过程中被拉断，则焊缝强度必然降低，因此，焊接速度和焊条的熔化应配合协调。

4）及时接续焊条。当需要另接一根焊条时，应在焊条尚未太短而不够把持之前即停止焊接，随后将焊条和保险杠接触处快速切断，新焊条也切成60°，以保持接合处平稳过渡。

（5）抹平打磨 使用电烙铁将焊条初步抹平之后更换气磨机，安装干磨机对保险杠正面焊接处进行打磨，直至将凹凸不平的面打磨平整为止，如图3-2-24所示。

图3-2-24 气磨机正面打磨

（6）打磨毛刺 将保险杠背面的固定胶带去掉，使用打磨机将背面毛刺打磨平整，如图3-2-25所示。

（7）塑料焊机焊接 选择合适的塑料植钉插入焊机头前端的两个小孔内，按住开关给植钉供热，等待植钉发热发红后（图3-2-26），将植钉压入所需修复的位置（图 3-2-27），松开焊机按钮，待植钉自然冷却，和保险杠熔合为一体后，将塑料焊机移开，重复操作直到塑料植钉均匀分布，将破损处全部焊接完成，如图 3-2-28 所示。

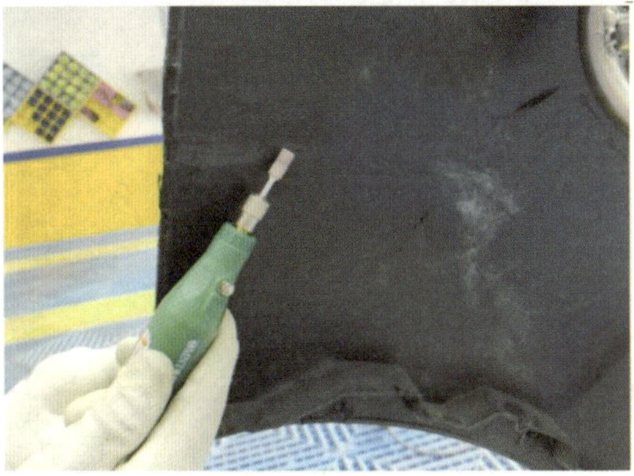

图 3-2-25　背面打磨毛刺

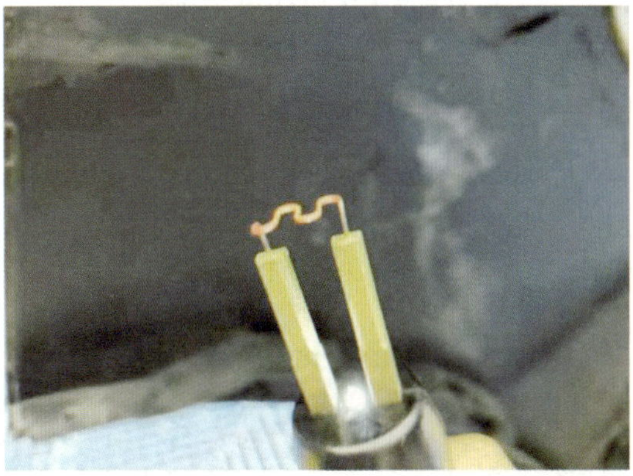

图 3-2-26　加热植钉

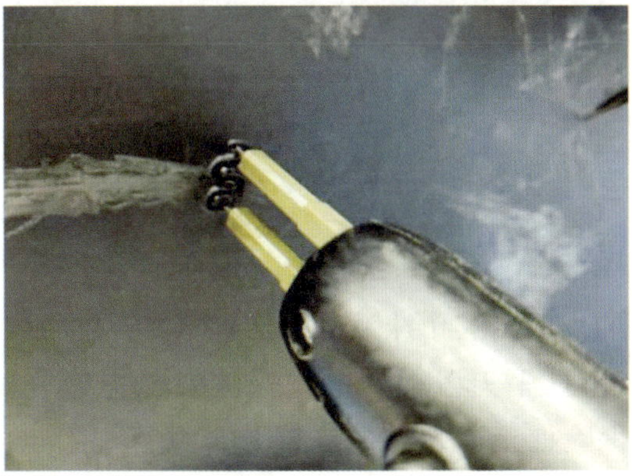

图 3-2-27　植入植钉

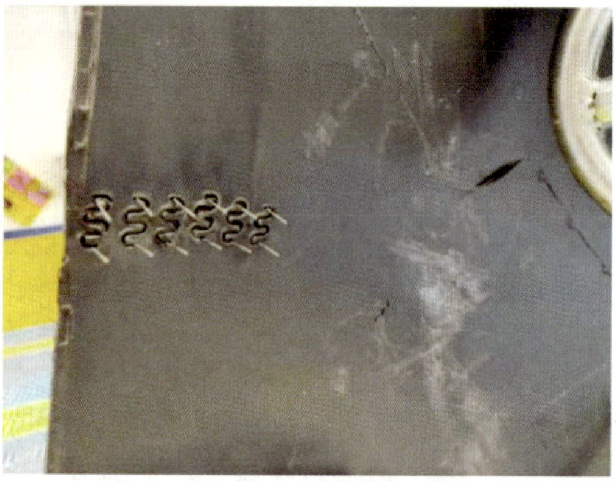

图 3-2-28　完成焊接

塑料焊机的使用注意事项如下：

1）根据保险杠破损程度、位置和形状选择合适的塑料植钉，灵活多用，针对不同的破损情况，搭配不同形状的塑料植钉。

2）插入塑料植钉之前，确保焊机头前端两个电极处于冷却状态。

3）在焊接过程中，不可碰触植钉和焊机头前端。

4）塑料植钉压入破损处的深度为刚好与塑料植钉的高度。

5）塑料焊机必须垂直于保险杠破损处方可进行修复，倾斜角度过大，塑料植钉植入深度无法掌控，容易焊透保险杠。

（8）移除尾钉　用尖嘴钳将塑料植钉多余的部分（裸露在保险杠外部）去掉，如图 3-2-29 所示。

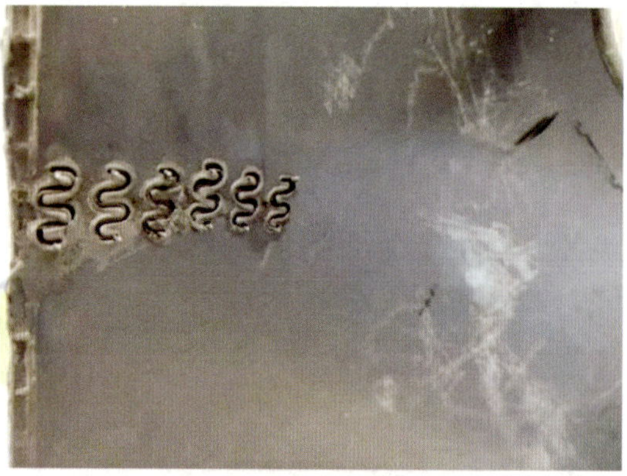

图 3-2-29　移除尾钉

（9）抹平填平打磨　将三角抹平刀安装至焊机头前端，按住开关给三角抹平刀供热，待到三角抹平刀发热时，对保险杠破损修复处进行热抹平，如图 3-2-30 所示。将保险杠正面裂纹的铝箔胶带撕掉，用三角抹平刀进行热填平。然后将电动砂纸机安装 400 目的粗砂纸，打磨刚刚用抹平刀抹平过的地方，修复完成。

图 3-2-30　三角抹平刀抹平

（10）整理工具　将使用过的实训工具整理清洁干净，剩下的塑料植钉按照型号整理保存，塑料焊机需等待自然冷却后回收放置。

注意事项：

实训结束后需对实训场地及周围卫生清理干净，关闭电源开关，电源插排归位，培养 7S 工作理念。

活动四　检查验收

同学们进行操作，由老师对同学们的操作进行考评，按照表 3-2-2 进行评分。

表 3-2-2　车身塑料件考核评分表（100 分）

考核时间	考核项目	配分	评分标准	得分
45min	安全防护	10	未按照要求穿戴防护用品，每项扣 2 分，共 10 分	
	操作过程	80	拆卸保险杠，暴力拆卸每处扣 5 分，共 20 分	
			在保险杠裂纹修复过程中，工具的使用不合理，每次扣 5 分，共 20 分	
			裂纹对接不平整，焊疤两侧出现阶差，每处扣 5 分，共 25 分	
			裂纹焊接不均匀，每个扣 2 分，共 15 分	
	7S 整理	10	操作完毕后，7S 不标准，扣 1~10 分	

活动五　交接给喷涂技师

由喷涂技师检查是否符合喷涂要求，如果符合直接喷涂，如果不符合经过再次加工，直至符合喷涂要求为止。

参 考 文 献

［1］刘建华. 汽车钣金基本工艺与设备［M］. 2 版. 北京：机械工业出版社，2013.
［2］张启友. 汽车钣金修复工艺［M］. 北京：机械工业出版社，2018.